こんなことも知らなかった
信州の縄文時代が実はすごかったという本

藤森英二

 はじめに

あなたは今、この本をどこで読んでいるだろうか。窓からビルが見える部屋だろうか。涼しい風を感じる木陰だろうか。混雑した通勤電車の中だろうか。あるいは、病院のベッドの上だろうか。きっと様々な場所でページをめくっているだろう。

ただしばらくの間、少し時空を超えた旅に、あなたを案内したい。行き先は、遥か縄文時代の信州である。

私は、見渡す限り平野が広がる埼玉県東南部の住宅地で育った。だからだろうか、山や谷や、そこを流れ下る川の流れに、幼いころから強い憧れを感じていた。

母の故郷は信州諏訪である。幼いころは、お盆やお正月といえば、祖母の待つ諏訪の家に行くのが常だった。新宿駅のホームで特急あずさを待つ高揚感は、今でも忘れられない。

中央線の車窓は、多摩川を越えたあたりから急に山がちになり、その景色に魅せられた。さらに八王子を過ぎたあたりからは迫り来る渓谷に目を見張り、やがて甲府盆地から臨む遙かな山並みと、次第に目前に迫るその姿に、興奮は極度に達した。それが「八ヶ岳」という火山列であることは、後に知ることになる。

中学、高校と進み、祖母の家に行く機会も年々減っていったが、大学で考古学と出会ったことにより、再び信州通いが始まる。なんと言っても、信州は縄文遺跡の宝庫だったのである。

やがて大学の仲間と連れ合い、自動車で中央自動車道を走り

信州に向かうようになる。そして山梨県北杜(ほくと)市付近で八ヶ岳のシルエットを認めると、幼いあの日と同じように、私の鼓動は高まるのであった。

　その後、就職を機に私は憧れの信州に移り住み、八ヶ岳はぐっと身近な存在になった。ところが私の住む佐久地域は、八ヶ岳の東側、見慣れていた諏訪側からとは随分違う景色だった。学生時代に接してきた信州の縄文遺跡も、八ヶ岳の西側が中心だ。私は随分淋しい思いで、日の沈む八ヶ岳を眺めていた。

　だが、信州の縄文世界はなにも八ヶ岳の西側ばかりではなく、いたる所に転がっていた。移り住んだ佐久地域を拠点に、ちょうど資料が増えつつあった千曲川流域の縄文遺跡を学ぶことができた。さらに各地の研究者と関わりを持つことで、それぞれの地域の縄文文化に触れることも出来た。

　しかし、それでもなお、八ヶ岳西側の縄文世界は他を圧倒していると感じるのである。

　それはなぜか？

　この本では、八ヶ岳を取り巻く遺跡を中心として、信州に散らばる縄文人の息吹(いぶき)をまとめながら、八ヶ岳縄文文化繁栄の謎に迫りたいと思っている。

　さぁ、あなたも特急の切符を手にして、信州縄文世界への旅に出かけよう。

藤森英二

信州の縄文時代が
実はすごかったという本
CONTENTS

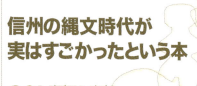

はじめに ……………………………………………………………………… 2

序章
信州の山河と、縄文時代への旅 7
プロローグ ………………………………………………………………… 8
そもそも縄文時代っていつ? ……………………………………………… 10
縄文時代の不思議をちょっと聞いてみました ………………………… 16

第一章
繁栄の秘密 19
八ヶ岳の懐 ………………………………………………………………… 20
何が彼らを支えたのか　八ヶ岳の食卓 ❶ ……………………………… 26
何が彼らを支えたのか　八ヶ岳の食卓 ❷ ……………………………… 34
黒曜石の里 ………………………………………………………………… 40

※この本の中で使っている「○○年前」という表現は、放射性炭素年代測定という科学的な方法で出されたものを参考にして、少し大雑把に書いてあります。そして、この数字は研究の進展や計算方法によって変わることがあることを、覚えておいて下さい。

第二章
縄文世界の中心 51
溢れ出す土器 …………………………………………………………52
井戸尻文化を象徴。個性を主張する藤内遺跡の土器群 ……………54
尖石のシンボル 蛇体把手土器の広がり ……………………………58
想像力をかきたてる抽象文土器 ………………………………………62
顔面把手土器から釣手土器へ …………………………………………64
乱立する土器の華 ………………………………………………………70
ふたつの国宝 ……………………………………………………………80
    縄文のビーナス …………………84
    仮面の女神 ………………………92

第三章
去り行く縄文人 99

そもそも誰がいたのか？ ……………………………………………100
井戸尻文化の陰り ……………………………………………………105
不思議な家と不思議な遺物 …………………………………………108
消え行く遺跡 …………………………………………………………116

終章
縄文の旅のすすめ 119
もうひとつの繁栄 信州の縄文世界に魅せられた人々 ……………120
あなたと縄文遺跡 ……………………………………………………124
八ヶ岳を一周、考古学の旅へ ………………………………………126
八ヶ岳周辺や長野県内の主な縄文関連施設一覧 ……………………130

    あとがき ……………………………………………………………132
    主な参考文献 ………………………………………………………134

信州・八ヶ岳をめぐる8つのふしぎなこと

1. 縄文時代に八ヶ岳山麓が大繁栄したって本当？

2. 縄文人の食卓を支えていたものとは？

3. 黒曜石の力？全国から人々が続々と？

4. 世界でも類（たぐい）まれ　縄文土器のすごさとは？

5. 八ヶ岳は情報の発信地だった？

6. 国宝土偶2体　数キロの範囲になぜ？

7. 繁栄の地から、なぜ彼らは去ったのだろう？

8. なぜ人々は八ヶ岳の縄文に魅せられるのか？

序章

信州の山河と、縄文時代への旅

さあ！5,000年前の八ヶ岳へ

　日本の屋根ともいわれる信州、長野県。ここは厳しくも美しい山河にあふれている。

　この本で話の中心となる八ヶ岳連峰は、現在の山梨県北杜市、長野県南牧村、小海町、佐久穂町、佐久市、立科町、茅野市、富士見町、原村にまたがる。赤岳（2899.2m）を最高峰とし、南北約21km、その火山噴出物を含めれば、実に55kmにわたる堂々たる山容を誇る。

　そもそもこの山塊は、日本列島を東西に分断するフォッサ・マグナ（大地溝帯）の中央に生じた火山帯である。南端の編笠山、権現岳を越え、主峰赤岳の鋭い山頂に立つと、北に伸びる主稜が見渡せる。東の佐久側には、硫黄岳の爆裂火口跡や、大規模な山体崩壊を起こした天狗岳、稲子岳など、荒々しい大地の営みが分かる。

　やがて主稜は、現在国道の通る麦草峠付近から比較的なだらかな様相をみせるが、爆裂火口に水が溜まった雨池、さらに高見石や北横岳に広がる溶岩など、火山活動の痕跡を無数に留めている。八ヶ岳の最北端は、美しい円錐形火山の蓼科山であるが、そのさらに西には、やはり火山である霧ヶ峰が続く。

　さて、私たちが目指す縄文時代より遥か昔。約50,000年前にアフリカ大陸を旅立った人類（ホモ・サピエンス）は、およそ38,000年前には日本列島に足を踏み入れていた。オオツノジカやナウマンゾウが闊歩し、氷河期と呼ばれる寒冷な

山ろくに吹き下ろす寒風の中、
旧石器時代の狩人は後の世の繁栄を夢に見ただろうか…

気候だったころ、人々はまだ土器や弓矢を知らず、獲物を求めて遊動生活をおくっていた。研究者はこれを、旧石器時代と呼ぶ。

この時代、人々は狩りの道具である槍の材料を強く求めた。八ヶ岳から霧ヶ峰一帯は、その材料の産地であった。すなわち、火山活動によって生み出された黒く輝く天然のガラス、黒曜石である。狩人達は黒曜石を採集し槍を作り、さらに各地に運んでいたことが分かっている。既に旧石器時代には、八ヶ岳周辺は人々にとって重要な場所だったのだ。

その後、時は流れおよそ16,000年前、日本列島でも土器が使われるようになる。私たちはそれを縄文時代の幕開けと呼ぶ。

やがて人々は竪穴住居を中心としたムラをつくり、次第に定住的な生活を行うようになった。

そして、今からおよそ5,500～4,500年前、信州では八ヶ岳周辺を中心として縄文文化の頂点をむかえる。無数とも思える絢爛豪華な土器や、国宝「縄文のビーナス」も、この時代の生んだ傑作だ。

私たちの旅も、この5,000年前の八ヶ岳を目指してみよう。

その前に
そもそも縄文時代っていつ?

　「縄文時代」という言葉は、多くの人が教科書で習っただろう。明治維新、徳川幕府はもちろん、織田信長よりも源頼朝よりも、聖武天皇よりも、いや、あの卑弥呼よりももっと昔のことだ。

　ただし、槍を持って毛皮を身にまとい、動物たちを追いかけまわしていた時代、というのは実は間違ったイメージかもしれない。

　縄文時代より昔、日本にも旧石器時代と呼ばれる時代があった。日本列島には、およそ38,000年前には人が住み始めている。その頃は最終氷期と呼ばれる寒い時期であり、人々は各地を転々としながら、石で作った槍先を頼りに、動物を狩り暮らしていた。

　しかし、およそ15,000年前までには、どうやら日本列島を含む東アジアのいくつかの地点で、土器というものが発明される。この土器の発明は、人々の暮らしを大きく変える要素の一つとなる。

　土器というのは、簡単に説明すれば粘土を器の形に整形し焼き固めたもので、熱に強く、中に液体を満たすことができる。

　ようするに、土器は鍋になる。人々は、わざわざ歩き回らなくても、熱を加え調理することにより、これまで食べることのできなかった身近なものを食材に加えることが出来た。やがてそれは、定住にもつながる。つまり土器の発明が、人々の生活スタイルを大きく変えるきっかけの一つだったというわけだ(ついでにいえば、土の中でも腐ったりしないので、10,000年後の考古学者が発掘し調べることができる!)。

　本当は、土器だけが旧石器時代とその後の時代を分けるものではないが、ここでは分かりやすく「土器の使用開始」＝「縄文時代のはじめ」と考えよう。

およそ16,000年前
土器の発明──
縄文時代の幕開け

最古級土器の発見された遺跡

今のところ世界中でも古い部類の土器は、日本を含む東アジアに多く、15,000年をさかのぼる例が点在している。しかし、これらが作られた理由やそれぞれの関係は、はっきりとは分かっていない。

隆起線文土器＝須坂市石小屋洞穴遺跡出土
（國學院大學博物館蔵）

この土器は長野県須坂市の石小屋洞穴遺跡で見つかったもので、およそ14,000年前のものと考えられている。

縄文土器が、世界でも最古に近い古さを誇ることは意外に知られていない。

では私たちがいままで習った縄文時代とは何だったのか、あらためて探っていきましょう。

縄文土器の初出
16,000年前

旧石器時代

16,000年前

抽象文土器＝茅野市尖石遺跡出土
（尖石縄文考古館蔵）

信州の山河と、縄文時代への旅

縄文時代の研究者は、長いこの時代を大きく6つに分けて考えることが多い。
古い方から、草創期、早期、前期、中期、後期、晩期と呼ぶ。
この本で扱う主な時期は、この中の中期となる。

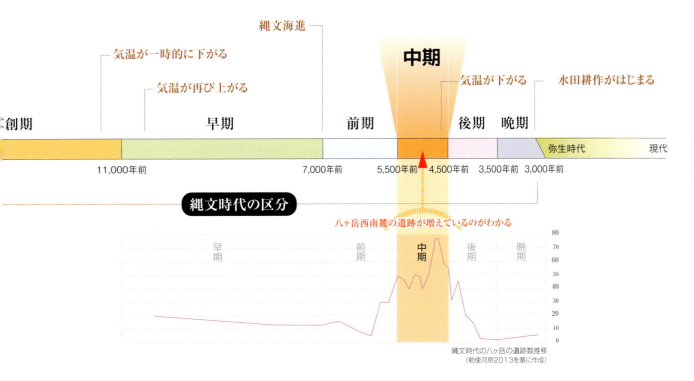

縄文時代の区分

縄文時代の八ヶ岳の遺跡数推移
（勅使河原2013を基に作成）

わたしたちが縄文時代と呼ぶ、およそ13,000年の間を6つの時期に区分すると、信州の縄文時代黄金期は約1,000年続いたと考えられます。

オシャレでクール。縄文というのは、縄の文様の付いた土器から生まれた言葉である。

　日本列島で展開した縄文土器は、世界でも例をみないようなオシャレでクールなものだ。おまけに、それらを大量に作っていた。だから私たちはこの時代を「縄文時代」と呼んでいるのだ。ちなみに縄文土器の縄文とは、英語の「Cord marked pottery」の日本語訳で、そう呼んだのは明治時代に日本に来て、東京都の大森貝塚を発掘調査したアメリカ人動物学者、エドワード・S・モースである。

　この縄文時代の人の姿や生活の様子は、この本の中で少しずつ説明するが、人々は狩猟、採集、漁労を中心にして暮らしを立てていた。次に生活のスタイルが大きく変わるきっかけになるのが、稲作の伝来である。およそ3,000年前、大陸・朝鮮半島から水田稲作技術を持った人々がやって来て、九州北部から各地に広がり、縄文人と混ざり合いながら次の時代に移っていく。これを弥生時代と呼び、この辺りを縄文時代のおしまいとしたい。つまり約16,000年前から、13,000年以上も続く長い時代を、私たちは縄文時代と呼んでいるのである。

　なお、稲作を行わなかった北海道や沖縄では、これ以降、本州、四国、九州とは違う文化が発展していく。

　日本列島の歴史は、ひとつではないのだ。

日本列島を三つの地域に分けた場合のおおまかな時期区分

西暦	北海道	本州・四国・九州	琉球列島
紀元前1000	縄文時代	縄文時代	貝塚時代前期（縄文時代）
	続縄文時代	弥生時代	貝塚時代後期
西暦1000	オホーツク・擦文文化	古墳時代 奈良時代 平安時代	
	アイヌ文化	鎌倉時代 室町時代	グスク時代
西暦1500		江戸時代	

南北に長い日本列島は、地域によって気温も育つ動植物も変わる。そして、人々もそれに合わせた生活を営んだ。特に水田稲作を受け入れない（あるいは必要のなかった）北海道や琉球列島では、政治も文化も異なった道を歩んで行くことになる。

信州の山河と、縄文時代への旅

縄文時代の住居＝茅野市 与助尾根遺跡／国特別史跡

縄文時代の不思議をちょっと聞いてみました。

Q. 縄文人は、私たちとどう違うの

そもそも「縄文人」という呼び名は、縄文時代に日本列島に住んでいた人々の総称ですが、生物学的には、現代の私たちと同じホモ・サピエンスという種です。ですから、基本的には私たちと同じ生き物だと言えます。ただし平均身長はやや低く（男性で160cm前後、女性で150cm弱）、口を閉じると前歯は上と下でぴたりと閉じ、目鼻立ちははっきりしていた人が多かったようです。ただ、これも地域や時期により違いがあります。

また現在の日本人は、弥生時代に大陸からやってきた人々と、もともと住んでいた縄文人の混血と言えます。稲作文化が定着しなかった北海道のアイヌの人々や琉球列島の人々は、同じ日本人でも縄文人の特徴を多く残していると言われています。

Q. 遺跡はどこにでもあるの？

縄文時代の遺跡は、どこにでもあります。正確には、全国で約9万ヶ所以上、どの都道府県にもあるのです。ただし、縄文人が住みやすかった場所やよく使う場所はもちろんあるので、どこを掘っても遺跡、という訳ではありません。

例えば、少し高台で平らな台地上などは、彼らの集落がよく見つかります。ただし最近の発掘調査では、大きな川沿いで遺跡が見つかることも増えました。標高の高い急傾斜の山地などでは少ないですが、それでも彼らの残した遺物が見つかることがあります。

Q. 寿命はどのくらい？

これも難しい質問ですが、15歳以上と判定された骨の分析では、平均余命が31.52歳、つまり無事大人になってからは、46歳前後で亡くなる人が多かったという説があります。もちろん実際は、生まれてすぐ、あるいは成人前に亡くなる人も多かったでしょう。また一方では、65歳以上の人が3割以上居たとも考えられ、親子と孫の三世代の生活もあったようです。

ただ、もっと最近の江戸時代ですら、平均寿命は50歳とも言われています。病気や怪我、あるいは充分な栄養の取れない状態で、若くして死んでしまうことは今より多かったことでしょう。日本人の平均寿命が80歳を超えたというのも、実はごく最近のことなのです。

Q. 言葉はあったの？

縄文人は文字を残しませんでした。ですから、彼らがどんな言葉を使っていたかは分かりません。しかし、もちろん言葉を使って会話をしていたことでしょう。言語学という学問では、現在の日本語や大陸の諸言語、そしてアイヌ語などを比較して、縄文時代の日本列島には、アイヌ語に比較的近い言語があったことを予想する研究もあります。

Q. 縄文時代の人口は？

縄文時代の人口を出すのは非常に難しいのです。例えば遺跡の数や家の数をカウントすれば分かるような気もしますが、遺跡が全部掘り返されているわけでもなく、掘った遺跡でも、一度に建っていた家の軒数を出すことは難しく、そもそも一軒の家に何人住んでいたかも正確には分かりません。

それでも見つかっている遺跡数などから、例えば縄文時代中期の関東地方に10万人という数字を示した研究者はいますが、少し乱暴な考え方と言わざるを得ません。ここでは未だ不明とさせてください。

ただし地域や時期により大きな増減があったことは、遺跡の数や密度から予想はされており、この本の主な舞台である八ヶ岳周辺では、中期の後半に人口増加のピークがあったと、多くの研究者は考えています。

Q. 発掘ってどうやってするの？

発掘調査には、大きく分けて2種類あります。一つは学術的な発掘調査で、これは大学等の研究機関が、ある目的のために狙いを定めて行うものです。もう一つは緊急発掘とか記録保存と呼ばれるもので、遺跡の上に道路や建物を建設したり、土地の改良などを行う前に発掘調査をするものです。そうしないと、遺跡は破壊され永遠に失われてしまいますから。

調査が決まると、土地の測量等をしながら、遺物の埋まっている層を探し、遺物（土器や石器）、遺構（家やお墓の跡）を確認しつつ、慎重に掘り進めます。またそれらがどのような状態で埋まっていたか、その位置や深さも記録して調査を進めます。

よく使う道具は、スコップ、ジョレン、移植ゴテ、箕、一輪車など。中華料理で使うお玉や、竹串などもあると便利です。もちろん測量に使う道具や機械、記録を取るカメラなども必需品です。

最近では、地下レーダーや三次元計測による調査も行われています。

Q. 縄文人は何を食べていたの?

それはこの本の中で説明しますが、クリやドングリなどの堅果類、シカやイノシシなどの動物の肉、さらに魚介類や山菜などの自然の恵みを利用していました。また最近では、マメ類などを栽培していた可能性も見出されています。

Q. どんな服を着ていたの?

これも証拠はありませんが、土偶の模様が服装を表現しているという考えや、様々な織物が見つかっていることから、単に毛皮をまとっていたのではなく、何らかの服を着ていたことが想像されます。もちろん、暑ければ裸に近い格好だったり、寒ければ毛皮を着たかもしれないですね。

縄文時代の不思議をちょっと聞いてみました。

Q. どんな家に住んでいたの?

一番多いのは、竪穴住居と呼ばれる家です。円形だったり、四角形だったりしますが、通常面積はおよそ20～30㎡で、地面を数十センチから時には100㎝近く掘り下げ、木の柱を立て、上屋で覆う構造です。

縄文時代中期には、内部に立派な炉を持つ場合が多く、中には石で組んだ祭壇のような施設も珍しくありません。

第一章

繁栄の秘密

八ヶ岳の懐

信州が誇る「井戸尻文化」の繁栄。

　私たちは、およそ16,000年前から3,000年前までの実に13,000年に及ぶ長い時間を、縄文時代と呼んでいる。だからその間には、栄えた時期や場所もあれば、その逆もある。

　信州は諏訪の生んだ考古学者・戸沢充則（元明治大学学長）は、縄文時代の中に3つの特徴的な地域文化をあげた。どれも遺跡の数が増え、特徴的な遺物が見られる時期だ。

　一つは縄文時代後期を中心に、関東地方の海岸に発達した「貝塚文化」。もう一つは遮光器土偶などで有名な、縄文晩期、東北地方の「亀ヶ岡文化」。

　そして残りの一つが、信州の縄文中期の文化である。およそ5,500～4,500年前、ここ八ヶ岳を中心とした地域では、前後の時期に比べてずば抜けて多い遺跡の数と、国宝「縄文のビーナス」や国重要文化財「藤内遺跡の土器」など、数々の傑作を誇っている。

　この特色ある文化は、最初に土器が名付けられた神奈川県の遺跡の名をとって「勝坂文化」とも呼ばれる。しかし戸沢は、富士見町の遺跡遺物とその研究を讃えて「井戸尻文化」としたのである。この本の中でも、信州を含んだ縄文中期の文化を「井戸尻文化」と呼ぶことにしよう。

富士見町 藤内遺跡から出土した土器
（井戸尻考古館所蔵）

繁栄の秘密

研究者により、その範囲や呼び名は異なるが、
おおむね関東西部から山梨・長野を
ひとつの文化圏と考える者は多い。

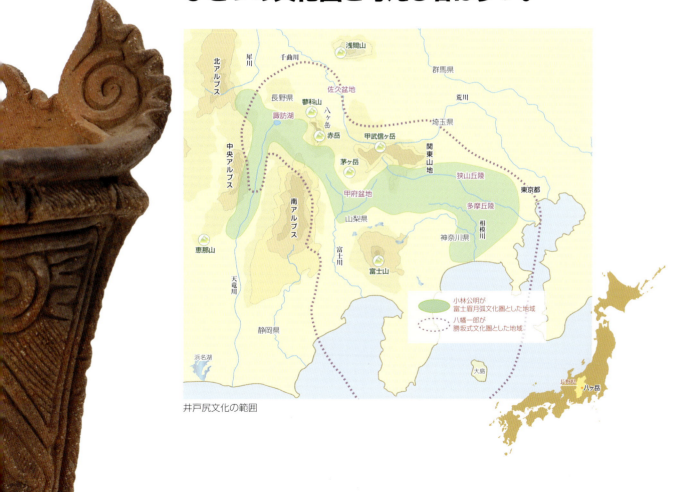

井戸尻文化の範囲

人々はいくつもの"ムラ"をつくった。

　特にここ、八ヶ岳の西南麓から霧ヶ峰の南麓（現在の山梨県北杜市から、長野県富士見町、原村、茅野市周辺）にかけては、まさに縄文遺跡の宝庫と言えるくらい、彼らの生活のあとが数多く残されている。

　八ヶ岳西南麓には、大小の河川で区切られた台地がいくつも並んでいた。標高900〜800m前後では湧水も多く、人々はいくつものムラをつくった。特に大きなムラは、何軒かの家（竪穴住居）が台地の中央をぐるりと囲む「環状集落(かんじょう)」というかたちを何世代かで築き、約1,000年のミレニアムの間に100軒以上の家を残すこともあった。中央の空間には、穴や石を配置した施設が見られる。彼らの先祖の墓だったとも考えられている。

　さらにこのような大きなムラが隣りの台地、あるいは同じ台地にできるほど密接し、これに加えて小さなムラも、その周りに点在したようだ。

　この地域の中期の遺跡数は、300を超える。まさに、縄文時代の一大拠点だったのだ。

貝塚文化（後期）
亀ヶ岡文化（晩期）

　長野県出身の考古学者であった戸沢充則は、この本で紹介している中期の「井戸尻文化」と同じように、縄文時代の中の特徴的な文化として、「貝塚文化」と「亀ヶ岡文化」という3つの地域文化の例をあげた。

　貝塚文化とは、関東沿岸部を中心として、特に縄文時代後期を中心に、大規模な貝塚や遺跡が増える時期をピークとして捉えられている。

　亀ヶ岡文化とは、晩期に北東北地方に展開した文化で、薄手で精巧な作りの亀ヶ岡式土器（大洞式）や、有名な遮光器土偶がこれに属する遺物である。

　もちろん、この3つのみが縄文時代の全てではなく、1万年以上にわたって、それぞれの地域でそれぞれに適した生活や文化が生み出されていったのだろう。このため、むしろ私たちが慣れ親しんでいる「縄文時代」という枠組みを再検討すべきだという意見もある。

これが縄文の家、竪穴住居。

棚畑遺跡北側台地に広がる住居址群
茅野市棚畑遺跡のような大きな集落では、竪穴住居址がいくつも重なって発見される（尖石縄文考古館提供）

直径約5m。円く掘られた地面に4本の柱の穴が残っている。この上に、土や木の皮などの屋根を被せたのだろう。中央で四角に並んだ石は炉の跡。典型的な縄文中期の竪穴住居である。

発掘された縄文の家＝茅野市 棚畑遺跡（尖石縄文考古館提供）

森の中にたたずむ、復元された竪穴式住居（茅野市 与助尾根遺跡／国特別史跡）

繁栄の秘密

八ヶ岳山麓は
遺跡だらけじゃないか！

このように、全国的に見ても、八ヶ岳を中心とした縄文文化は、質、量ともに際立った存在なのである。
　でもどうして？
　その謎に迫ってみよう。

八ヶ岳縄文中期の遺跡分布

● 縄文中期の遺跡

鵜飼2010を基に作成

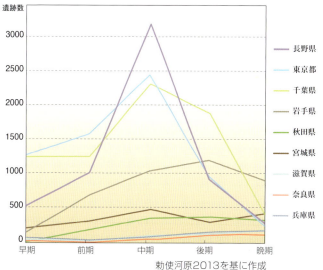

縄文時代の時期別・地域別にみた遺跡数

勅使河原2013を基に作成

何が彼らを支えたのか
木の実という恵み。

八ヶ岳の食卓 1

　人々は食べなければならない。大きなムラやたくさんの人口を養うには、それを支える食料が必要だ。

　現在、日本人の主食は米である。ところが、縄文時代には田んぼがない。つまり、稲作はまだ大陸から伝わっていないのだ。

　では、何を食べていたのか？

　縄文土器の多くは、煮炊き用の鍋である。ここ八ヶ岳周辺で作られた派手な土器でも、内部にお焦げなどが付いていて、鍋として使ったことが予想される。ではその中身はなんだろう？

　縄文時代の遺跡では、まれに火事にあったような（あるいは意図的に火を入れた）住居の跡から、炭化したクリやクルミなどが見つかることがある。運が良ければドングリなども見つかる。日本の土は強い酸性土壌で、本当はもっとたくさんあったはずだが、ほとんどが腐ってなくなってしまっているのだろう。

　これらの木の実を堅果類（けんかるい）というが、実はこの堅果類が、縄文人の胃袋を満たしたものと考えられているのだ。堅果類はでんぷんが多く含まれ、保存食としても優れている。特にクリやクルミは灰汁（あく）抜きも不要だ。

　彼らは遺跡からたくさん見つかる石皿や磨石（すりいし）と呼ばれる石器を使って、これらを粉末にしてよくこねていた。そして、パンやクッキーのようなものを焼いて作ったり、すいとんのように丸めて、火にかけた土器の中で煮ていたのかも知れない。

　ちなみに、本州に住んだ縄文人に虫歯が多いのは、堅果類などの植物質の食料を多く食べていたためとも言われる。

パンやクッキーのようなものだって見つかった。

パン状炭化物＝富士見町 曽利遺跡出土（井戸尻考古館蔵）
実際に炭化したパンやクッキー状のものなども、遺跡から出土している。

炭化クリ＝岡谷市 花上寺遺跡出土
（市立岡谷美術考古館蔵）

石皿・磨石の復元写真

堅果類の灰汁抜き

クリやクルミ、各種ドングリといった、硬い殻をもつ木の実を堅果類という。このうちクリやクルミ、西日本の照葉樹林に生えるシイやカシなどの実は、そのままでも食べることが出来るが（クリはゆでた方が美味しいが）、東日本の落葉広葉樹林に多いコナラやミズナラ、トチの実などは、中にタンニンやサポニンなどの苦み成分が含まれていて、そのままではとても口にすることが出来ない。これらの成分を取り除くことを「灰汁抜き」という。堅果類の灰汁抜き技術は様々で、一番単純には長時間水に晒すことであるが、灰の汁などを使うこともある。

縄文時代では、土器の一部や、水場に築かれた施設が、これらの灰汁抜きにも使われたことだろう。そしてでんぷん質の多い堅果類は、彼らの食料として、大いに利用されたのである。

少女は八ヶ岳の集落沿いを歩きます。
食材を探し、貯蔵するのです。

上からトチの実、クリ、ドングリ

トチの木

縄文時代、本当に農耕はなかったかどうか…

　これら堅果類は、森で豊富に採れたのだろう。特に山に囲まれた信州では、ミズナラやコナラがたくさんのドングリを実らせたはずだ。

　ところで、西日本や、東日本でも標高の低い暖かい場所では、同じドングリでも灰汁抜きなしで食べられる常緑樹のシイやカシが生育する。標高の高い信州は、これらには寒すぎるのだ。しかし、一年中葉を落とさないシイやカシを含む照葉樹林よりも、冬には葉を落とすコナラやミズナラを含んだ落葉広葉樹林の方が、あとに述べる様々な植物の利用には適していたという見方もある。

　また一方で、縄文人はただ木の実を拾い集めるだけではなく、どうやら植物の管理や栽培も始めていたようだ。そもそも縄文時代に本当に農耕がなかったかどうか、これまでもたくさんの議論が交わされてきた。

　ここ八ヶ岳周辺では、1950年頃から諏訪の生んだ在野の考古学者藤森栄一が先陣を切り、農耕こそが中部高地の中期文化（井戸尻文化のことだ）を支えたという「縄文中期農耕論」が展開した。しかしこの頃は、直接的な証拠を見出すことが難しかった。

　その後、藤森が他界した翌年の1974年には、地元諏訪市の荒神山（こうじんやま）遺跡で炭化した種子（後にエゴマと判明するが、当時はアワとも言われた）が、また、福井県の鳥浜貝塚でも栽培の可能性のあるシソ・エゴマやヒョウタンが見つかるなどの例はあったものの、それらはメジャーフード足り得ず、さらに一般的なものだったかどうかの判断は難しいとされていた。

土器の圧痕にシリコンを流し込むと、そこにあったものが、そのままの姿で現れる。左の写真は実験で土器に入れられたマメ類のレプリカである。

マメのレプリカ（現代の物）

土器に残された、たくさんのマメの痕
＝岡谷市 目切遺跡出土（市立岡谷美術考古館蔵）

　ところが、近年になって新たな方法で、植物栽培の証拠が見出されている。それが「レプリカ法」といわれる研究である。縄文土器を見ていると、まれに土器の表面に数ミリほどの丸や楕円の穴（圧痕）があることに気付く。小さな石ころの抜けた穴の場合もある。しかしそこにシリコンゴムを流し、抜き取ったレプリカを顕微鏡で見てみると、植物の種子であることが多いと分かってきたのだ。

　なかでも注目されるのは、それが食用になり、さらに栽培の可能性があるものの場合だ。その主立ったものに、シソ・エゴマ、あるいはマメ類（ダイズやアズキの仲間）がある。

　シソやエゴマは、食事の味付けにも、あるいは油をとって灯りにしたかもしれない。マメ類については、今日の大豆が「畑の牛肉」と呼ばれるように、タンパク質の詰まった食料だ。

　特に八ヶ岳周辺ではその発見例が多く、一つの土器に大量のマメが入れられていたものもある。さらにこの中期からは、見つかるマメ類の圧痕の大型化が見られる。まさに井戸尻文化のなかで、彼らがマメ類の栽培をはじめた結果とも考えられるのだ。まだ新しい研究分野であるが、引き続きデータの蓄積に期待したい。

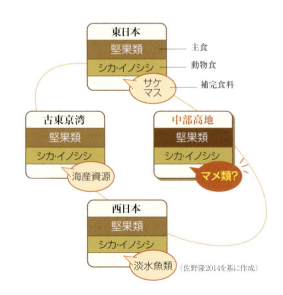

（佐野隆2014を基に作成）

縄文人がマメを育てていたことはまだあまり知られていない。

また縄文の集落周辺では、見つかる花粉の量などから、自然の状態よりもクルミやクリが多かったとも言われている。どうやら彼らは、木々の選定をしていたと考えられるのだ。特にクリは実だけでなく、その幹は家の柱など木材としての利用も多かった。

　もともと冬に葉を落とす落葉樹の森は、下草の成長を促すが、さらに人々が森の木々を間引くことで明るい環境ができると、そこはワラビ、ゼンマイ、ウバユリ、ツルボ、ノビル、クズなど、食料となる植物に好都合の場所となった。マメ類の野生種であるヤブツルアヅキやツルマメなども、そんな環境に自生する植物の一つである。

　つまり縄文人の行った森の管理は、マメ類などの成長を促し、その栽培を生み出す土壌となったかもしれないのだ。こうして、森の管理とマメ類の栽培がうまくかみ合い、信州縄文人の基礎体力をつくっていたとも考えられる。

　ただし、弥生時代のような農耕社会という段階ではなく、様々な食料獲得手段の一つに、植物の栽培という方法が含まれていたのだろう。

森だって管理していた！

上列：ヤブツルアズキ（アズキの野生種）
下列：ツルマメ（ダイズの野生種）
（写真：佐々木由香）

上列：（左から）ツクシ、コゴミ、コシアブラ
中列：（左から）ツルボ（写真：佐々木由香）、ワラビ、ゼンマイ
下列：（左から）タラの芽、ヤマブドウ、アケビ

ウバユリ、ツルボ、ノビル、クズなどは、球根や根の部分が食料にもなる。

復元した穴掘り具

これが打製石斧です

打製石斧は出土量こそ豊富だが その用途には謎が多い。

　この他にも、縄文人は様々なものを食料として利用していたはずだ。ここで一つ紹介しておきたい縄文の石器がある。打製石斧(せきふ)とよばれるもので、長さは10〜15cmくらい、短冊のような形をした石器だ。

　この石器、井戸尻文化の遺跡でも実にたくさん見つかる。そして、斧とは書くが斧ではなく、木の棒に付けて土を掘った道具と考えられている。では、何のために掘っていたのだろうか。もちろん竪穴住居を掘る際にも使っただろう。しかし他にも、野生のヤマノイモを掘り出すのに使ったという説もある。八ヶ岳の食事には、きっとこのイモ類も入っていたと思われる。

　一方では、曲がった柄に付けて、鍬(くわ)のように使ったとも言われている。だとすると、もしかしたらマメ類の栽培で、邪魔な雑草を取り除くときや、土を耕すために使った可能性も秘めているのだ。

打製石斧による穴を掘る実験

八ヶ岳の食卓 ２

何が彼らを支えたのか
狩りへ、漁へ。獲物はたくさんの動物。

　しかし、それだけではもちろんない。縄文人は狩りもする。例えば少し時代はさかのぼるが、八ヶ岳の東側にある北相木村栃原岩陰遺跡（とちばらいわかげ）（国史跡）では、約11,000年から9,000年前に、たくさんの動物を仕留めていた証拠が残っている。この遺跡は、八ヶ岳が大規模な山体崩壊をした際に流れ出た泥流にできた小さな洞窟状地形にあって、内部の特殊な環境から、人や動物の骨がほぼそのまま残っていたのだ。これを見ると、実にたくさんの種類の動物を狩りの対象にしていたことがわかる。

　当然後の中期でも、狩りが行われていたことは間違いがない。後に述べる黒曜石の矢尻が、それを物語っている。また縄文時代には落とし穴も使っていた。中には杭（くい）を立てて、落ちた獲物を絡めとるものもあったようだ。

　さらに、縄文人は犬を飼っていた。犬がお墓に埋葬されていた例が全国各地にある。きっと狩りのパートナーとして活躍していたのだろう。

◆ 栃原岩陰遺跡の動物骨とその一覧表

沢山みつかるもの	ニホンジカ・イノシシ・ニホンザル・ノウサギ・ツキノワグマ
意外と多いもの	ムササビ・テン・アナグマ・ニホンカモシカ
レアなもの	ニホンリス・ネズミ類・キツネ・イヌ・オオカミ・カワウソ

イノシシは縄文人の好む獲物であり、土器の文様に取り入れられたり、イノシシ形の土製品も作られていた。

繁栄の秘密

遺跡に骨は残らない？

縄文時代の人々は、沢山の動物や魚等を捕らえて食料とし、皮はなめして敷物や衣服にも使っただろうし、骨や角、牙の一部も、加工して骨角器と呼ばれる縫針やアクセサリーにしていた。

しかし、実際の遺跡からこれらが見つかることは少ない。日本の多くの場所は土が酸性であり、これらのものは分解されて失われてしまうのだ。ただし一部の特殊な環境下では、これが残される場合がある。

例えば貝塚（縄文人が食料の残滓を重ねたり、時には墓地としても使われた空間）では、大量の貝殻のカルシウム成分が、骨を腐らせることなく残す作用を生む。また石灰岩質の洞窟などでも同様のことが起こる。その他には極端に乾燥した場所でも骨が残されたりする。八ヶ岳に近い北相木村の栃原岩陰遺跡の場合は、乾燥した土質や、縄文人が盛んに燃やした木の灰が、これら骨類を残すように作用したと言われている。

逆に言えば、普通の遺跡でも、本来は骨や骨角器がたくさんあったと考えるべきだろう。

ニホンジカ（北海道ではエゾジカ）も縄文時代を通じて主要な獲物のひとつだったが、象ったり描かれたりすることはまれにしかなかった。

犬の存在が縄文人たちに多くの糧を与えた。

千曲川にサケ乾燥施設?!

　また、同じ信州で千曲市屋代遺跡群の例を紹介しておこう。この遺跡は千曲川の自然堤防にある。もともとこの付近に縄文の遺跡はないと思われていたが、地上から6mの深さで、縄文時代の生活の跡が見つかったのだ。特に縄文時代の中期後半では、サケの骨がたくさん見つかった。さらに細い木を立てた穴の列が見つかり、これは捕えたサケを乾燥する施設の跡とも考えられている。

　つまり、千曲川沿いでは、縄文人は秋に遡(さかのぼ)って来るサケを食料として利用していたのだ。

　また、諏訪湖に近い岡谷市花上寺(かじょうじ)遺跡では、漁に使った石や土器の破片で作った錘(おもり)りが500個以上も見つかっている。フナやコイなどの淡水魚がすむ諏訪湖は、重要な漁場だったのだろう。

千曲川のサケの遡上

　信州のような内陸部では、湖水や河川に生息する魚貝類も重要な食料だった。特に日本各地の河川に遡上してくる大量のサケ類が、縄文人の生活を支える大きな要素となっていたはずだ。その身はもちろん食料にされ、さらにアイヌの人々の生活では、その皮は衣服や履物の材料ともされた。

　長野県を代表する河川であり、新潟県に入ると信濃川と名を変える千曲川。南佐久郡川上村山中が源流で、上流域では八ヶ岳の東麓をかすめるように流れて行く。その流路は367kmで、日本最長の大河である。

　この千曲川には、かつて豊富な量のサケが遡上していた。千曲川上流域の支流に面する北相木村栃原岩陰遺跡では、縄文早期約1万年前のサケ属の椎骨が多数出土しており、新潟県境に近い高山村では、支流松川の湯倉洞窟遺跡で、サケ・マス類が縄文草創期・前期・後期の各層から発見されている。

　千曲川本流でも、右岸の自然堤防上に立地する千曲市屋代遺跡群で、縄文中期の層からサケ・マス類の骨が551点出土している。

　また平安時代の『延喜式(えんぎしき)』等の書物からは、信州のサケが貢納されていたことも分かっている。さらに千曲川上流域の佐久穂町でも、大正10年代までサケを目撃した記録が残されている。1936年の飯山市西大滝ダム完成以前は、千曲川や犀川でサケ・マス漁が盛んだったようだ。

　山国信州は本来、サケの豊富な場所だったと考える必要がありそうだ。

繁栄の秘密

千曲川の自然堤防にある千曲市屋代遺跡群では、地表下約6mから縄文時代の遺構遺物が見つかっている。
（長野県立歴史館提供）

諏訪湖では、土器の破片や石で作った錘（おもり）で漁をしていたようだ。

カッパのモデルとも言われるカワウソは、縄文人と魚の取り合いをしていたかも？

土錘（どすい・縄文時代の漁労具）
＝岡谷市 花上寺遺跡
（市立岡谷美術考古館蔵）

石錘（せきすい・縄文時代の漁労具）
＝岡谷市 花上寺遺跡
（市立岡谷美術考古館蔵）

適した食材を手に入れ、活かす"知恵の時代"。

まとめて見ると下の図のようになる。もちろんこの他にも、八ヶ岳ではキノコや各種山菜、渓流のイワナやヤマメ、その他たくさんのものが食料として利用されていたことだろう。縄文時代は、場所によって適した食材を手に入れ、それを上手く活かす知恵を持った時代だったのである。八ヶ岳の懐では、そのバランスが高次元で調和し、人々の生活を支えることが出来たのだろう。

そしてもしかすると、千曲川で干したサケが、八ヶ岳まで運ばれたかも知れないし、海岸で作られた干し貝だって、たまには八ヶ岳の食卓にあがったかも知れない。

八ヶ岳山麓の縄文時代中期 彼らの食卓を想像してみよう。

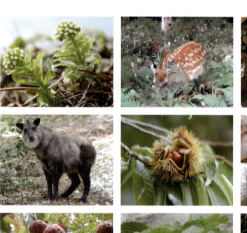

上列：（左から）フキノトウ、ニホンジカ、イワナ
中列：（左から）カモシカ、クリ、アブラシメジ
下列：（左から）ヤマボウシ、ヤマグワ（写真：佐々木由香）、クリタケ

全てに証拠がある訳ではないが、森の恵みを巧みに利用する縄文人は、きっと様々なものをメニューに加えていたことだろう。

繁栄の秘密

広葉樹の林は
縄文人の巨大な食卓だった
かもしれない。

黒曜石の里

火山の生んだ宝物。

　八ヶ岳の縄文人が、巧みに食料を手に入れていたのは分かった。それはきっと上手くいっていた。でもそれは、全国各地の縄文人も行っていたはずだ。
　その中でもなお、八ヶ岳に人々が集まったのはなぜだろう。その鍵を握るのが、黒い神秘的な輝きを放つ、黒曜石である。

黒曜石の石器（上段）と矢尻（下段）
＝茅野市 棚畑遺跡出土
（尖石縄文考古館蔵）

繁栄の秘密

八ヶ岳に人々が集まったのは なぜだろう。 その鍵とは――？

　狩りをするには道具がいる。縄文人は弓矢を使うが、矢の先端の矢尻は石から作り出す。黒曜石は天然のガラスで、割れ口は特に鋭い。現在でも手術用のメスに使われるほどだ。加工もしやすく、矢尻やナイフの材料にはもってこいだ。

　しかしこの便利な黒曜石は、どこででも採れるわけではない。この石は、火山活動によって熱せられた流紋岩質のマグマが、急速に冷やされたときにできる。つまり、火山のある特定の場所でしか採集できない。

　そして、八ヶ岳の周辺は、この黒曜石の一大産地であり、関東をはじめ各地の供給元となっていたのである。

縄文前期には、
地下の黒曜石を採掘していた！

　信州の黒曜石は、石器の材料として旧石器時代から使われている。縄文時代になっても利用され続け、縄文草創期には、長和町の星糞峠(ほしくそ)で、集中的に黒曜石を加工して運び出していた痕跡が見つかっている。さらに早期には、地下に埋まった黒曜石の採掘を始めていたのだ。縄文時代の鉱山の出現だ。
　続く前期のはじめでも茅野市の駒形遺跡(こまがた)（国史跡）などでは、多量の黒曜石を持ち込んだことが分かっている。
　しかし、井戸尻文化の少し前、縄文時代前期の後半には、諸磯ｂ式(もろいそ)という土器が信州にも関東にも分布していたが、霧ヶ峰南麓から八ヶ岳西麓では、この頃には一時的にムラの数が減少する。
　一方で佐久方面から今の碓氷峠(うすい)を越えた辺りの群馬県安中市の中野谷松原遺跡では、大きな環状集落がつくられ、そこでは信州和田峠付近の黒曜石を大量に入手し、各地に分配していたようだ。遺跡には3kgを超す大型の黒曜石原石も残されている。言わば、信州産黒曜石の集配場だ。また、八ヶ岳の東側である小海町中原遺跡(なかはら)や、南相木村の大師遺跡(だいし)でも、この諸磯ｂ式を中心とした集落遺跡が見つかっている。この頃、人々はより定住性の強い生活に移行し、それに伴い採掘した黒曜石を各地に運ぶシステムが確立したのだろう。
　ところが、諸磯ｂ式の後半から続く諸磯

火道岩脈＝長和町東餅屋
（写真提供：大竹憲昭氏）

溶岩流＝佐久穂町麦草峠
（写真提供：堤隆氏）

溶岩流＝長和町牧ヶ沢
（写真提供：大竹憲昭氏）

八ヶ岳や霧ヶ峰の周辺には、黒曜石が採取出来る場所がたくさんある。地質学的な要因によって、そのあり方は様々だ。

繁栄の秘密

左：縄文前期の黒曜石採掘坑
右：黒曜石採掘跡
＝下諏訪町 星ケ塔黒曜石原産地遺跡／国史跡
（諏訪湖博物館提供）

長野県の黒曜石原産地

大竹幸恵 2004 を基に作成

長和町星糞峠黒曜石原産地遺跡（国史跡）の黒曜石採掘址
（黒耀石体験ミュージアム提供）
地下の白色の層に含まれる黒曜石を、
縄文人が掘り出していた。

c式期になると、これらの集落は急に縮小してしまう。

一方で、八ヶ岳南麓の山梨県北杜市天神遺跡では、諸磯b式の後半になって、まるで取って代わるように大きな集落が作られ、そこから黒曜石の原石が出土する。そして八ヶ岳の西南麓では、これに続くように、諸磯c式期に集落が増加するのである。

そして遅くともこの前期末になると、下諏訪町の東俣や星ヶ塔でも、地下に埋まった黒曜石の採掘が行われるようになる。

もしかしたら、関東などへ運ばれる黒曜石の流通ルートが、群馬側から八ヶ岳山麓に移ることによって、井戸尻文化の繁栄の礎が打たれたのかも知れない。黒曜石は、そんな謎も秘めているようである。

黒曜石を採掘する縄文人＝復元模型
（黒耀石体験ミュージアム）

黒曜石の集積跡いくつも。

さらに中期になると、黒曜石原産地の点在するエリアの直下、霧ヶ峰南麓の茅野市北山浦地域に、縄文のビーナスが出土した棚畑遺跡をはじめ、遺跡が密集しているのはすでに見てきた通りだ。

これらの遺跡では、重さ20gを超える黒曜石が、いくつも集積されていたことも確認されている。

茅野市棚畑遺跡の108号住居址には、3箇所に黒曜石がまとめて埋められていた。
（写真提供：尖石縄文考古館）

大師遺跡や中原遺跡では、黒曜石の他に地元石材であるチャートの石器も、たくさん見つかっている。

↑石匙

八ヶ岳東麓の小海町中原遺跡では、諸磯b式の集落からたくさんのチャート製石器が出土している（小海町北牧楽集館蔵）

黒曜石とチャート

ガラス質である黒曜石は、たしかに矢尻や皮剥、ナイフなどの製作に向いている。しかしその他にも、硬質の頁岩やサヌカイト、あるいはガラス質の安山岩（長野県では佐久市の八風山付近で産出）やガラス質流紋岩（岐阜県の下呂石が有名）なども、旧石器時代以降、刃物の材料としてはよく用いられていた。

他にもチャートと呼ばれる石材がある。これも打ち割ると鋭い割れ口が出来るが、石の節が多く、石器の製作には使いづらいものもある。しかし縄文時代の人々は、この石材を器用に加工し、矢尻や錐、石匙と呼ばれるつまみの付いたナイフを作り出していた。

例えば八ヶ岳の東側、千曲川を渡った山塊に位置する現在の小海町や北相木村、南相木村には多量のチャートが分布しており、前期はじめには、北相木村の木次原遺跡でチャートによる石器の製作跡が発見されている。そして井戸尻文化の少し前、縄文前期後半では、小海町の中原遺跡や南相木村の大師遺跡で、多量の黒曜石に劣らないくらいのチャート製石器が出土した。矢尻も多いが、石匙の中には実に美しく整えられたものが数多くあり、両遺跡の特徴となっている。

少量でも数多くの遺跡から見つかる──「信州産」ブランドのチカラなのか！

　また和田峠を西に下った、黒曜石原産地から約10kmの岡谷市長地(おさち)地域では、梨久保遺跡や目切(めきり)遺跡など大きな遺跡が点在し、やはりたくさんの黒曜石を保有していた。清水田遺跡では6.5kgの超大型の黒曜石原石も出土している。

　このような、井戸尻文化とその前後の時期を代表する遺跡は、黒曜石の採集や集積、さらに石器の製作や分配といった、黒曜石流通の拠点としての面も持ちながら存在したのではないだろうか。

　しかし、実は井戸尻文化にあたる中期では、他の時期と比べて石器全体の中で矢尻の占める割合は少ない。また東京や神奈川などでも、この時期には信州産黒曜石の出土はそう多いというわけではない。ただし、少量ではあっても、数多くの遺跡から見つかっていることなどから、石材として重要なだけではなく、いわば「信州産黒曜石」というブランドが確立し、遠隔地の遺跡も、これを強く欲していたことを示しているの

黒曜石の超大型原石
＝岡谷市 清水田遺跡出土
（市立岡谷美術考古館蔵）

黒曜石の採掘が活発化した前期末のものと考えられる。

かもしれない。
　また、現在のところ縄文中期での黒曜石採掘址は見つかっていないが、将来の発見に期待しておこう。

長さ31cm、重さ6.5kg

旅をする石

　次ページにあるように、黒曜石やヒスイなど特定の場所でしか入手出来ない石材は、縄文時代にも広い範囲に運ばれていたことが分かっている。このうち、例えば黒曜石は、ガラス質という特製から矢尻などの材料にはもってこいだ。しかし獲物を仕留めるための矢尻は、必ずしも黒曜石でなくとも出来ることも事実である。さらにヒスイにいたっては、狩りや漁などといった実用的な部分では、実質的に必要ないものだ。
　しかしそれでも、このような石材が遠く運ばれて見つかるということは、実用的な意味のみではなく、今でいうブランド力、あるいはシンボル的な意味合いがあったのだろう。
　信州産の黒曜石でいえば、下諏訪町星ヶ塔の黒曜石が、井戸尻文化の範囲のみでなく、はるか600km近く離れた青森県の三内丸山遺跡や、さらには海を越えた北海道函館市の館崎遺跡でも確認されている。

繁栄の秘密

長地地域や北山浦地域では、
コハクやヒスイも比較的多く見つかっている。

　八ヶ岳の縄文文化が繁栄していたとすれば、その要因の一つは黒曜石にあったのかもしれない。そしてそれは、関東地方西部から山梨県、そして長野県の多くを含む、一大文化圏を作り出した。それこそが「井戸尻文化」なのではないだろうか。

　縄文時代にものが行き交う様子は、黒曜石以外でも認められる。例えば、新潟県の姫川流域や富山県東部のヒスイ、千葉県銚子のコハク、さらにはこの後語るように、土器も運ばれている。

　人々は、完全な自給自足ではなく、足りないものは他所から入手することで、より快適な生活を手に入れていたのだろう。

富山県朝日町の宮崎・境海岸（通称ヒスイ海岸）
（写真提供：川端典子）

ヒスイ製大珠＝茅野市 聖石遺跡出土
（尖石縄文考古館蔵）

数千年の時を経てもそのミステリアスな輝きは私たちを魅了する

第二章

縄文世界の中心

溢れ出す土器

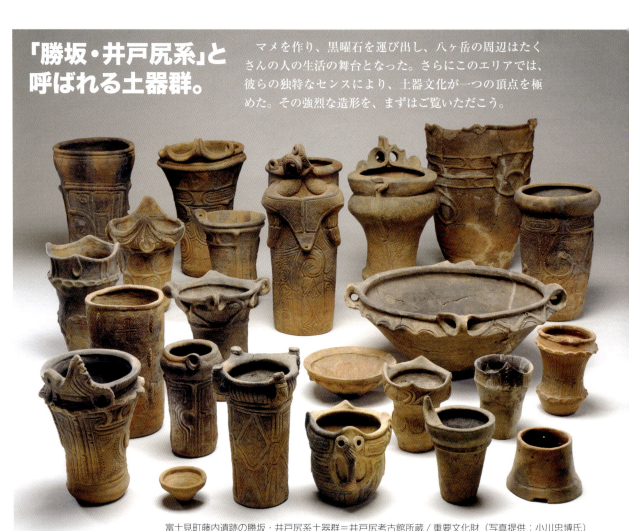

「勝坂・井戸尻系」と呼ばれる土器群。

マメを作り、黒曜石を運び出し、八ヶ岳の周辺はたくさんの人の生活の舞台となった。さらにこのエリアでは、彼らの独特なセンスにより、土器文化が一つの頂点を極めた。その強烈な造形を、まずはご覧いただこう。

富士見町藤内遺跡の勝坂・井戸尻系土器群＝井戸尻考古館所蔵／重要文化財（写真提供：小川忠博氏）

どれも芸術品と呼ぶにふさわしい
一つの頂点を極めた造形。

　力強かったり、繊細だったり、どれもみな「芸術品」と呼んでもおかしくない一級品だ。

　ところが同じような顔つきの土器は、八ヶ岳のみでなく、伊那谷や松本平、佐久や木曽谷など長野県各地はもちろんのこと、山梨県や神奈川県、さらに東京都の西部、あるいは群馬県や埼玉県でもたくさん見つかる。

　研究者はこれらを「勝坂式土器」と呼ぶ。1926年に調査された、神奈川県相模原市の勝坂遺跡で発見された土器をもとに付けられた名称だ。

　その後1953年以降の富士見町井戸尻遺跡群の調査もあって、遺跡の名から「藤内式」とか「井戸尻式」とも呼ばれるようになった。ここでは、「勝坂・井戸尻系土器」と呼んでおこう。

　第1章で説明した「井戸尻文化」の範囲は、まさにこの種の土器が色濃く出土する地域となる。

　しかしどう呼んだとしても、この土器を研究する人の多くが、信州、中でもここ八ヶ岳西南麓周辺の土器を目にして「さすが、本場の土器だ」と口にするのだ。

　では、本場とはなんだろうか？八ヶ岳の土器は、他と何が違うのだろうか？

時期ごとに違う土器のあだ名

　そもそも縄文土器というのは、13,000年に及ぶ時代の土器の総称であり、それはもちろん地域や時期によって変化している。縄文時代の研究者は、時代を追って変化していく土器に対して、模様や形、作り方の似ているものを、時代と地域ごとに「型式」と呼ばれる単位としてくくり、様々な研究の土台としているのだ。

　例えば、「井戸尻Ⅰ式」と言えば、立体的な模様や顔面把手などが特徴で、長野県や山梨県を中心に分布する中期中頃の土器、「焼町式新段階」と言えば、同じ頃に浅間山山麓を中心に分布し、輪っか状の突起や流れるような曲線を主体とした模様の土器と理解が出来る。「曽利Ⅴ式の住居址」ならば、中期末期の家の跡となるわけだ。

　ちなみに型式名は、そのタイプの土器が最初に見つかった遺跡名から付けられることが多い。

　ちょっと細かくて難しいが、まずは自分の住む地域の土器型式を少しでも覚えておけば、研究者の仲間入りである。

藏内遺跡の土器君

まるで踊る人物、あるいはカエルの様な文様の付けられた有孔鍔（ゆうこうつば）付土器。このような土器は酒造に用いられたとも言われている。

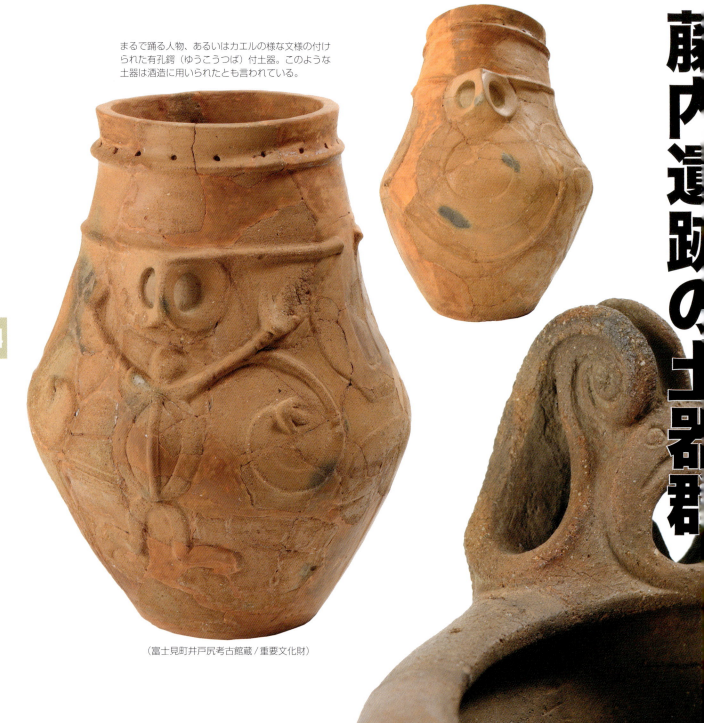

（富士見町井戸尻考古館蔵／重要文化財）

井戸尻文化を象徴。周辺を圧倒する

縄文世界の中心

人面こそはっきり表現されていないが、土偶に似た人体の背中が分かる。女神が土器を抱いているかのようだ。

（富士見町井戸尻考古館／重要文化財）

藤内遺跡と出土土器

　富士見町藤内遺跡は、1953年から発掘調査され、その見事な土器や、火災（あるいは人為的な火入れ？）にあった住居址、土器が立ったまま並んで埋められていた特殊な遺構などが見られ、当時から際立った存在であった。その後の調査も含め、中央の広場や墓地を住居が取り囲む、環状集落であると考えられている。

　その遺物、特に土器群は見事の一言で、どれをとってもまさに勝坂・井戸尻系土器の頂点の一つである。

　これら出土遺物のうち199点が、2002年に国の重要文化財に指定されている。

不規則な形のパネルが器面を覆い尽し、不思議な3本指の手が渦巻きから伸びる。

（富士見町井戸尻考古館蔵）

縄文世界の中心

057

いくつものくびれを持つ珍しい土器。
口縁の上には穴の開けられた突起が。

（富士見町井戸尻考古館蔵）

尖石のシンボル蛇体把手土器の広がり。

蛇体把手付深鉢形土器＝茅野市 尖石遺跡出土
（尖石縄文考古館蔵）

蛇体把手土器＝北杜市 酒呑場遺跡出土
（山梨県立考古博物館提供）

「蛇体把手付深鉢形土器」と呼ばれる、茅野市尖石遺跡の有名な土器がある。なるほど、確かに口を開けた蛇が、土器の上でとぐろを巻いて、地面に向かって尻尾を垂らしているようにも見える。

そして、この土器には仲間がたくさんあった。集めてみれば、八ヶ岳周辺だけでなく、浅間山の山麓や、甲府盆地でもそれによく似た土器が見つかっている。これらを蛇体把手土器と呼ぼう。

さて、これを作られた順番で並べてみると、尖石遺跡のような少しシンプルなタイプから、郷土遺跡（長野県小諸市）や熊久保遺跡（長野県朝日村）、釈迦堂遺跡（山梨県笛吹市・甲州市）のような派手なタイプに変わっていくようだ。そして、はじめのうちは八ヶ岳の周辺に多く、段々と範囲を広げていくように見える。

蛇体把手土器分布図

○ 古いタイプの蛇体把手土器　● やや新しい蛇体把手土器

縄文世界の中心

各地で出土した蛇体把手土器

059

左列上から下へ
北杜市 原町農業高校前遺跡
（山梨県立考古博物館蔵）
笛吹市 一の沢西遺跡（山梨県立考古博物館蔵）
茅野市 梨ノ木遺跡（尖石縄文考古館蔵）
岡谷市 目切遺跡（市立岡谷美術考古館蔵）

右列上から下へ
朝日村 熊久保遺跡（朝日村教育委員会蔵）
小諸市 郷土遺跡（長野県立歴史館蔵）
茅野市 尖石遺跡（一般財団法人片倉館蔵）
茅野市 梨ノ木遺跡（尖石縄文考古館蔵）

世代を重ねて運ばれた土器。

　さらに、これらの土器を詳しく見ていくと、粘土の中に白い半透明の粒が見られる。顕微鏡でのぞいてみると、これはデイサイトと呼ばれる岩が細かくなったものだった。いわゆる火山岩で、斑晶として石英，斜長石，カリ長石，輝石，角セン石，黒雲母などを含む。

　デイサイトは、霧ヶ峰南麓から八ヶ岳西麓の糸萱付近（まさに中期の遺跡の密集地帯だ）や、八ヶ岳の隣に位置する山梨県の茅ヶ岳付近に分布する。この地域で作られた粘土には、デイサイトが混ぜられているものが多い。だから、デイサイトの含まれた蛇体把手土器は、八ヶ岳付近で作られた可能性が高いのだ。

　つまりは、八ヶ岳周辺で生み出され、いく世代かによって作り続けられた土器が、浅間山麓や甲府盆地の東端、松本平の山裾まで運ばれていったと思われるのである。

マイクロスコープによる土器の分析。
含まれる鉱物や岩石を調べることができる。

粘土と砂

　土器を作る過程で重要なのは、材料となる粘土を作る工程である。粘土は比較的にどこにでもあるが、出土する土器を見ると、粘土の中に様々な物が混ざっている。例えば前期の前半期では、繊維状のものが焼けて出来た空洞がたくさんあり、粘土には植物（腐敗した泥のような状態の植物とも言われている）が混ぜられていた。その他にも、ほとんどの土器には、砂（鉱物や岩石の粒）が含まれている。

　わざとなのか偶然なのかは分からないものもあるが、例えば東関東の阿玉台式土器のように、あえて黒雲母という鉱物を、装飾的効果（金色に輝く！）を見越して混ぜていたような例もある。

　いずれにせよ、これらの混入物で、土器の乾燥時の収縮を抑え、ひび割れを防いだと言われている。

　そして、この含まれた砂を調べることで、その地質学的な産地が分かれば、土器の作られた場所を特定する手がかりになる。そんな研究も進められている。

縄文世界の中心

焼き上がったらムラの仲間に知らせるか…

061

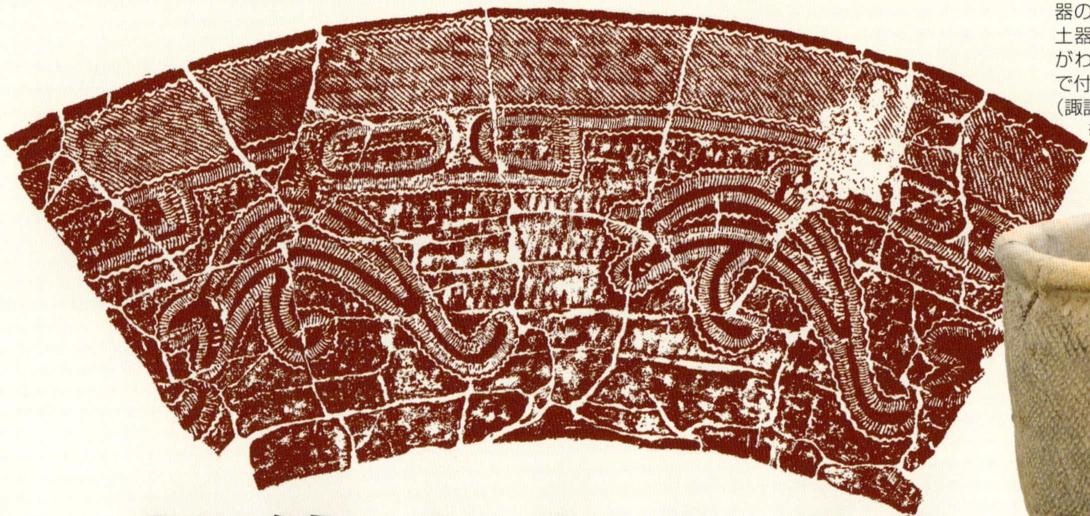

左の図は拓本と呼ばれるもので、下の土器の文様を紙に写し取ったもの。一つの土器に、二つの抽象文が描かれているのがわかる。抽象文はこのように二体一対で付けられることが多い。
（諏訪市博物館提供）
※墨色の原図に着色して再現しています

062 想像力をかきたてる抽象文土器。

　また蛇体把手の土器より時期をやや遡ると「抽象文土器」と呼ばれる不思議な文様を持つ土器群がある。この文様が何を示しているのかは今のところ謎だが、やはり井戸尻文化圏の各地に見られる。そして、このタイプの土器も、古いものは八ヶ岳南麓から茅ヶ岳付近に多いのだ。つまり、この付近で生み出された可能性が高いのである。

抽象文土器＝富士見町 九兵衛尾根遺跡出土
（井戸尻考古館蔵）

縄文世界の中心

抽象文土器分布図

● 発生段階の抽象文土器　● 発生段階以降の抽象文土器

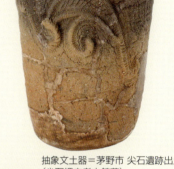

抽象文土器＝茅野市 尖石遺跡出土
（尖石縄文考古館蔵）

063

抽象文土器＝富士見町 藤内遺跡出土
（井戸尻考古館蔵／重要文化財）

抽象文土器の模様は何を表現しているの？

　勝坂・井戸尻系土器につけられた、まるで生き物のような奇妙な文様。研究者はこれを「抽象文」と呼んでいる。果たして縄文人は、なにを象ってこの模様を付けたのだろうか？
　基本的には頭と思われる部分（口を開いたようなかたち）があり、少し太くカーブした胴体、最後はくるっと巻いた尻尾のようになっている。さらに胴体からは、手かヒレのようなものが下に伸びている。また多くの場合は、一つの土器にこの不思議な模様が二体付けられている。
　ぱっと見て思うのは、なんだかイルカのような動物だろうか？オオサンショウウオを上から見たものではという意見もある。とにかく何か生き物のようではあるが、いずれにしても証拠はない。
　ただし、この文様の古いものを見て行くと、胴体はもっと細く、ヒレのような表現もないことがわかる。それは丁度ヘビのようだ。もしそうなら、元々はヘビだったものが、世代を重ねるうちに他のものになっていったのだろうか。この辺りには、縄文人の神話や物語が隠されているかもしれないが、現代の私たちがそれを読み解くのは、相当に難しいだろう。

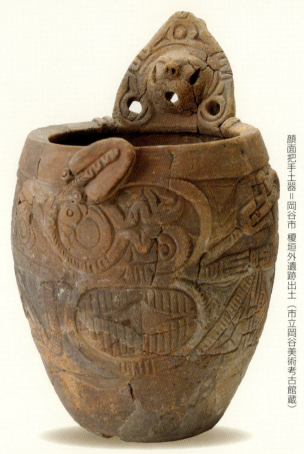

顔面把手土器＝岡谷市 榎垣外遺跡出土（市立岡谷美術考古館蔵）

顔面把手土器 釣手土器へ。

　さらに勝坂・井戸尻系土器には、土器の口縁上にヒトの顔を乗せた土器がある。「顔面把手土器」と呼ばれる。これも各地で見られるが、大きくて立派なものは伊那や八ヶ岳周辺、甲府盆地東部に多い。

　また、さらに不思議な土器がある。「釣手土器」と呼ばれ、少し深いお皿の上を、大きな窓の空いた奇妙な飾りが覆っている。これはお皿の中で動物や植物の油を灯した、縄文時代のランプと考えられている。

　縄文のランプというだけで神秘的だが、これを「顔面把手」と比べてみると、実は良く似た部分がたくさんある。どうやら両者は繋がりがあり、一部の釣手土器は、顔面把手をもとに八ヶ岳周辺で生み出されたと思われる。つまりこのような釣手土器も、八ヶ岳西南麓周辺がその発信源と考えられるのだ。

縄文世界の中心

釣手土器のランプ復元
(御代田町 宮平遺跡の土器をモデルに藤森が作製)

ゆらゆらと灯りがもれる縄文時代のランプ。

065

釣手土器＝富士見町 曽利遺跡出土
(井戸尻考古館蔵)

八ヶ岳西南麓周辺が発信源。

顔面把手と釣手土器の装飾パターンの類似

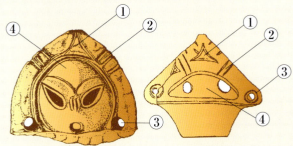

富士見町九兵衛尾根遺跡出土
顔面把手土器

富士見町藤内遺跡出土
釣手把手土器

深鉢土器の口縁上に付けられる顔面把手と、ランプともされる釣手土器。
一見関連性は無いようにみえるが、実は釣手土器の一部は、顔面把手が独立したものと言えるのだ。
①〜③は同じ要素。
④は、図左の顔面把手では人面になっている部分が、図右の釣手土器では大きな穴になっている。
（中村耕作2013を基に作成）

縄文世界の中心

顔面把手付深鉢形土器＝岡谷市 海戸遺跡出土
（市立岡谷美術考古館蔵／重要文化財）

遠くのムラへ、土器の旅。
そして、お手本に。

　でもこんなに大きくて重い土器（例えば甲府市天神堂遺跡の蛇体把手土器は重さ7kg以上！）を運ぶって大変だ。第一、何のために運んだのか？

　一例を挙げると多摩川の上流、東京都青梅市駒木野遺跡では、やはり蛇体把手土器が出土しているが、これにはデイサイトは見られず、粘土に含まれる鉱物・岩石は甲府盆地東部のものに近い。もしかしたら、甲府の縄文人が八ヶ岳から運ばれて来た土器を真似して作り、それがまた駒木野遺跡まで運ばれたのかもしれない。つまり八ヶ岳の土器は、運ばれた先でお手本ともされたのだ。

　このように、八ヶ岳周辺で作られた優れた造形の土器は、遠くのムラに運ばれて、それ自体が価値あるものとして、さらには土器のお手本として、それぞれの場所で一目置かれていたのではないだろうか。

　考古学者がいう「本場」という感触は、このあたりの事情を察しているのかもしれない。

　ただし、土器の流れは一方通行ではない。他の場所から八ヶ岳に運ばれている土器もある。その辺りは、この後に紹介していこう。

縄文世界の中心

釣手土器＝諏訪市 穴場遺跡出土
（諏訪市博物館蔵）

069

乱立する土器の華

土器には世界観、神話が隠れている。

　今紹介した蛇体把手や抽象文、顔面把手土器のように、八ヶ岳西南麓周辺の勝坂・井戸尻系土器には、とにかく目を見張る土器が多い。

　ところで、土器は本来、煮炊きに使う実用品と言われている。つまり、現代でいうお鍋である。にもかかわらず、とくにこの勝坂・井戸尻系土器には、実用的には意味のない、むしろ使いにくいくらいの模様や突起が付けられている。不便なのにどうして？

　きっと人々は、模様のなかに、彼らの世界観や、物語、神話といった精神世界を表現したのではないだろうか。ヘビやヒトの姿は、その登場人物というわけだ。

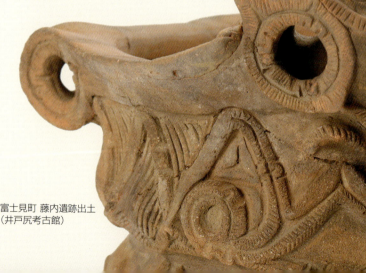

富士見町 藤内遺跡出土
（井戸尻考古館）

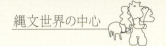

中期の東日本、土器の顔つきが変わっていく。

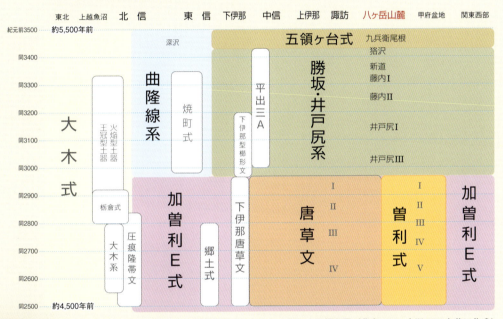

長野県を中心とした中期の土器編年図（藤森2012、水沢2013を基に作成）

　縄文土器は、同じ時期でも地域によって顔つきが変わる。中期の東日本では、東北に大木式という大きな流れがあり、上越では火焔型土器に代表される系列があった。広い面積を有する長野県では、千曲川に沿う東信や北信では焼町式を含む独自の流れがあり、関東西部から山梨、そして八ヶ岳山麓を含む県内の広い地域で、勝坂・井戸尻系の土器が旺盛した。しかし中期後半になると、勝坂・井戸尻系土器は地域ごとに分化し、曽利式や唐草文土器が、加曽利E式とも関係を持ちながら、それぞれに推移していく。

　しかし、中期の末には、全県がほぼ加曽利E式に収斂して、後期につながるようである。

ひと味違う流行もあった。

　縄文中期、信州の地では、天竜川の段丘にも、木曽の峡谷にも、煙たなびく浅間山の山麓にも、あるいは蛇行する千曲川の流域にも、人々はどんどんとムラを構えた。
　そして例えば浅間山の南麓では、一風変わった土器が使われていた。御代田町川原田遺跡では、この土器がまとまって出土している。最初に見つかった塩尻市の遺跡名をとって「焼町式土器」と呼ばれる一群である。ドーナッツのような輪っかや、上下に流れる模様が特徴的だ。
　他にも、上伊那から松本平の南部では、薄くて少し地味な模様の「平出三Ａ土器」と呼ばれる土器が使われる。
　このように、勝坂・井戸尻系土器とはひと味違う流行もあったのだ。

**焼町式土器は浅間山山麓や
群馬県の赤城山付近で発達したと言われている。**

焼町式土器＝御代田町 川原田遺跡出土
（浅間縄文ミュージアム提供／重要文化財）

平出三Ａ土器＝塩尻市 平出遺跡出土
（平出博物館蔵）

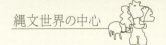

ムラ同士の友好の証し？

　でもこれらは、お互いを完全に排除するような関係ではない。勝坂・井戸尻系土器は佐久でも伊那でもたくさん出土している。また逆に八ヶ岳周辺でも、数は少ないものの焼町式土器は見つかるし、さらには地元の土器と他所の土器、両方の要素を混ぜ合わせた、ハイブリッドな土器も各地で見られる。

　さらに言えば、関東地方の東部に多い阿玉台式土器さえも、埼玉や群馬の山を越えて、佐久や八ヶ岳西南麓の遺跡で見つかっている。東海や北陸地方の土器もある。

　つまり、土器そのものが交易の品となり、各地のムラに受け入れられていたのだ。

　先に見た八ヶ岳から送り出された土器もあわせ、きっとこうして運ばれた土器は、遠く離れたムラ同士の友好関係の証しとして、機能していたのではないだろうか。

「ハイブリッド」土器
＝茅野市 長峯遺跡出土
（尖石縄文考古館蔵）

口縁下の横向きの文様は地元のもの、胴部の縦方向の文様は北陸の土器に付けられるものである。

阿玉台土器＝茅野市 長峯遺跡出土
（尖石縄文考古館蔵）

中期後半──
地域内でもタイプが分かれていった。

　さて、以上は主に中期前半までの話。中期後半になると、これまでの勝坂・井戸尻系土器の分布圏でも、違うタイプの土器に分かれていく。71ページの「土器編年図」を参照してほしい。

　まずここ八ヶ岳西南麓付近は、ちょうど「唐草文系土器」と「曽利式土器」の境目になり、八ヶ岳の南側や甲府周辺では曽利式が、諏訪から松本にかけては唐草文土器が多くなる。さらに下伊那では下伊那独自の土器（通称：「下伊那唐草文」）、また佐久平近辺では「郷土式土器」が色濃く出土している。さらには北信地域では、北陸や東北の影響の強い「栃倉式土器」や「圧痕隆帯文土器」と呼ばれる独自の土器が多くみられる。

　なお、やはり勝坂・井戸尻系土器が色濃く分布していた関東地方では、神奈川県までは曽利式、東京以東では「加曽利E式」が主なものとなる。

中期後半土器の分布
中期の後葉には土器が地域ごとに別れていくが、広い長野県ではそれがはっきりと分かる。

縄文世界の中心

　もちろんこの以前から土器は地域性を持っていたが、中期後半になってこのように細かく土器が分かれていった理由は、まだ分かっていない。

　そもそも縄文時代の土器は、それぞれの地域の個性を示すアイテムでもあったのだろう。そうなると、隣の集団とは違うものを表現したい。これが繰り返されれば、土器はそれぞれの地域で個性的になっていく。さらにこの中期後半に、長野県の井戸尻文化圏の遺跡数はピークを向かえる。これを人口の増加と考えれば、人々の生活はより定住的になり、その傾向にますます拍車をかけた。

　また面白いことに、この土器の分布と、今の方言の分布がよく似ている。これは偶然だろうか？

　山や川に囲まれた信州長野県は、どうしても日常の交流圏が限られる。そんな地理的な制約もあって、土器の流行の範囲も決まっていったのかもしれない。

土器の分布は今の方言分布とよく似ている?!

長野県の方言
（馬瀬良雄 1992『長野県史 方言編』方言区画図に加筆）

伝統を守りつつ、
他も受け入れる大らかさ。

　ただし、この時期にあっても、それぞれの地域では、他の地域の土器も使われていた。例えば郷土式を使う集落でも、加曽利E式や曽利式が同時に使われるのはむしろ普通のことだ。だから当然、行き来は頻繁にあったのだろう。

　一般に、土器は女性が作ったと考えられている。そこから、他の地域の土器の出土と「嫁入り」を重ねて考える研究者もいる。でも実は、それも可能性の一つであるものの、はっきりと分かってはいないのだ。むしろ作り手が移動しなくとも、運ばれた土器が真似されたり、一部分が取り入れられたりして、地元の土器に影響を与えていた例も多い。

　自分たちの土地の伝統を守りつつも、他地域の土器も受け入れる社会。縄文時代は、そんな大らかな時代だったのかもしれない。

他型式どうしの埋甕の出土＝茅野市 棚畑遺跡
左：曽利式土器／右：唐草文土器
（尖石縄文考古館提供）

縄文世界の中心

世界各地の民俗例では、土器は女性が作る例が圧倒的に多い。

　繰り返しになるが、この中期後半の半ば、井戸尻文化圏では遺跡の数がピークに達する。それぞれの土地で、それぞれの文化が華開いていたと思いたい。
　しかし、縄文中期の最後になると、各地の土器文化が急速に衰え、関東地方にあった加曽利E式に飲み込まれていく。このことは、この本の第3章で考えよう。

縄文時代の婚姻に関しては謎が多く判然としない。

077

婚姻の習慣

　世界中には様々な結婚の形態がある。日本でも、奈良平安時代では婿入り婚が多かったし、江戸期まで、特に上流階級では側室を持つ制度、つまり一夫多妻の制度があった。現在のような一夫一婦制で、基本的に嫁入り婚が多いのは明治以降とも言える。
　縄文時代の結婚のかたちは、実はよく分かっていない。生前に歯を抜く抜歯と呼ばれる風習や、土器の伝播の仕方（土器は女性が作ったとされる）、さらには歯の特徴やミトコンドリアDNAから、それを考える研究もあるが、現在までのところ結論は出ていない。つまり、私たちは縄文時代を考えるとき、様々な結婚のかたち（一夫多妻、通い婚、婿入り婚、嫁入り婚など）を当てはめてみる必要があるということだ。でもきっと、誰かを好きになるという気持ちは、あった気がするのだが…。

080

ふたつの国宝

縄文のビーナス
仮面の女神

縄文世界の中心

土偶。土器と同じように、粘土で作られたヒトガタのことである。縄文時代は、全国各地で土偶がたくさん作られた。特に中期以降の東日本には多く見られる。

では土偶とは、何のために作られたのか？実は、その答えは出ていない。考古学では、物の形や作り方は分かっても、そこに隠された人々の思いはなかなか描けない。しかも一口に土偶と言っても、時期や地域による変化も大きく、同じ遺跡でも大きさ（小さいものは数cmで手のひらにすっぽりおさまり、大きいものは20cmや30cm以上にもなる）や、作られ方の異なるものが見つかることもあるのだ。

それでも、例えば乳房の表現のあるものや、妊娠した女性をおもわせるものが多いことなどから、女神像として作られたものが多いと言われている。それらは子孫繁栄や安産、豊穣、その他人々の幸せを祈る役目を負っていたのではないだろうか。

国宝「土偶」（縄文のビーナス）
＝茅野市 棚畑遺跡出土
（尖石縄文考古館蔵）

土偶は謎だらけ。

　土偶は壊れて出土することが多い。それを、わざと壊した、あるいはそもそも壊れやすいように作っていたと捉えて、怪我や病気の身代わりにされたとも言われている。ただし、本当に壊されることが前提であったかどうか、意見は分かれる。

　もちろん、長い縄文時代の間に、作る目的も意味も変わっているかもしれない。もっと言えば、同じ遺跡で見つかった土偶も、片方は子どものおもちゃ、片方は神聖な祈りの対象だったかもしれない。

　土偶はまだまだ謎だらけだ。だから今の私たちは、その造形と、ユーモラスな姿に身をゆだねて、彼ら縄文人の心を愛おしむことが一番かも知れない。個人的には洗練された造形美というよりも、どこか不格好で、愛嬌のあるその姿に、微笑ましさを感じることが多いが、皆さんはいかがであろうか。

　井戸尻文化の周辺でも、土偶はたくさんみつかる。山梨県北杜市の酒呑場遺跡や、塩尻市の平出遺跡、小諸市郷土遺跡では100体を超す土偶が見つかっている。中野市の千田遺跡では、234点を記録した。中でも凄いのは、甲府盆地東部にある釈迦堂遺跡群で、ここからは1,116体もの土偶が発見されているのだ。

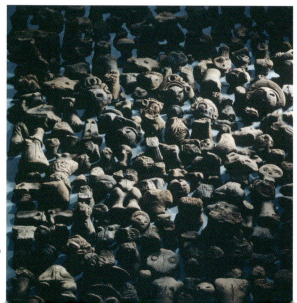

大量の土偶＝山梨県 釈迦堂遺跡群出土
（釈迦堂遺跡博物館蔵／撮影　塚原明生）

縄文世界の中心

富士見町坂上遺跡の土偶は
重要文化財。
まるで天を仰ぎ見るようにも見える。

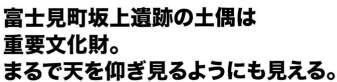

んあり、その造形を楽しむことができる。
　しかし、これらとは明らかに一線を画す土偶がある。次のページからは、この信州の生んだ土偶の傑作、2人の女神の謎に立ち向ってみよう。

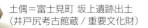

土偶＝富士見町 坂上遺跡出土
（井戸尻考古館蔵／重要文化財）

　しかし、土偶の無い遺跡も多いし、あっても数点である場合がほとんどだ。国の重要文化財に指定されている富士見町坂上(さかうえ)遺跡の高さ23cmの土偶は、住居址が8軒、継続時間も中期後半の曽利Ⅱ式期のみとこの時期にしては比較的小さな集落から、わずかに一つだけ見つかった土偶である。
　面白い例では、岡谷市の目切遺跡などで、土器を抱えたような造形の土偶が出土している。他にも各地に個性的な土偶がたくさ

器を持つ土偶
＝岡谷市目切遺跡出土
（市立岡谷美術考古館蔵）

国の重要文化財の中でも特に重要なもの、すなわち国宝には、現在5点の縄文土偶が指定されている。そのうち2点が、信州は茅野市出土のものだ。

茅野市は霧ヶ峰の南麓から八ヶ岳西麓に位置し、まさに井戸尻文化の中心地。

2点の国宝土偶は、どちらもこのエリア内で、直線距離でおよそ4キロしか離れていない遺跡で出土している。

まずはこのうち、棚畑(たなばたけ)遺跡の土偶から見ていこう。

縄文のビーナス　　仮面の女神

発掘地の距離
直線で**4**キロ
(1400年の開きがあります)

棚畑遺跡　　　　　中ッ原遺跡
縄文時代中期はじめ　縄文時代後期前半

何がすごいって、5点の国宝土偶のうち2点が茅野市出土のものだ。

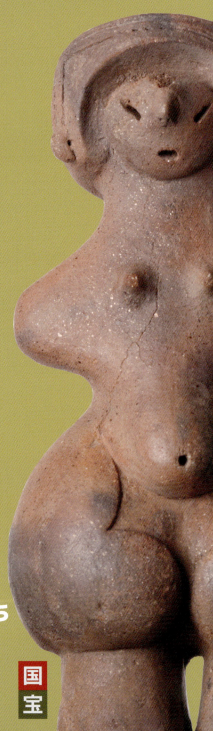

国宝

縄文世界の中心

縄文の
ビーナス

　どうだろう。妊娠した女性ともいわれるバランスのとれた体形。帽子だろうか髪飾りだろうか、丁寧に描き込まれた頭部の模様。よく整えられたつるつるの肌をみても、他の土偶と比べとても丁寧に作られているのが分かる。粘土に混ぜられたキラキラ光る黒雲母(くろうんも)もまぶしい。「縄文のビーナス」という呼び名も、伊達じゃない。

　では、この縄文のビーナス、人々はどんな思いを込めて作ったのだろうか。この土偶の不思議は、その作りの突出的な美しさだけではない。多くの土偶が壊れて出土するのに対し、このビーナスはムラのほぼ中央の墓と思われる掘り込みに、完全に近いかたちで横向きに埋められていたのだ。さらに、この土偶が作られたのは、井戸尻文化のはじめころ（中期はじめから狢沢(むじなざわ)式期）というのが定説だが、それが土の中に埋められたのは、少なくとも中期の中ごろになってから、あるいはそれ以降とも思われている。つまりその間、もしかしたら数百年も、世代を超えて人々の目に触れていた可能性があるのだ。

DATA 縄文のビーナス

ビーナスの名にふさわしい
優雅な曲線に彩られています。

- 複数の粘土の塊を組み合わせて作られています。
- 張り出したお腹やお尻は、妊娠した女性をかたどったとも言われています。
- 顔はハート形。目はつり上がり、口とともに線で表現されています。
- 両耳には小さな孔。
- 鼻は立体的で、鼻の穴も再現。
- おへそもあります。
- 腕は大胆に省略！
- 首から背中、お尻にかけては、滑らかな曲線を描きます。
- よく磨かれていて肌はつやつや。粘土に混ぜられた黒雲母がキラキラと輝いています。
- 1995年6月15日、文化庁により「国宝」に指定されました。

縄文世界の中心

◆
基本情報
1986年9月出土
高さ27cm、幅12cm、厚さ9.2cm、
重さ2.14kg
・茅野市棚畑遺跡の中央部、
長さ79cm、幅70cmの土坑
（お墓？）から、
ほぼ完形のまま出土。
約5,400年前につくられた

足は少しだけ、左足が前に出ている。二本の足でしっかりと立つことの出来る土偶は、実は珍しい。

まるで帽子のような頭部には、上には渦巻きが、側面は渦巻きや三角を組み合わせた左右非対称の模様が描かれている。後頭部には丸い突起。

独特のユーモラスな体型が人々を魅了する。

087

1986年9月6日、夕刻、霧ヶ峰南麓にその姿を現した

　黒曜石原産地直下ともいえる、霧ヶ峰の南麓茅野市米沢地区。背後には霧ヶ峰火山帯が連なり、蓼科山を含んだ雄大な八ヶ岳連峰と、緩やかに延びるその裾野が見渡せる。さらに南方には霊峰富士が霞み、西には南アルプスが連なる。まさに風光明媚な場所である。良質な湧水も多く、縄文人にとっても快適な場所だっただろう。

　棚畑遺跡はこの西端に位置する平坦な山塊の先端部で、標高は約880m。1986年に工業団地建設のため、4月から11月と半年以上に及ぶ発掘調査が行われ、遺跡のほぼ全面、およそ9,000㎡が調査された。中期では146軒の住居址が、二つの輪を描くように並んで発見され、縄文時代中期の大集落の一つであることが明らかになった。

　この遺跡では、たくさんの土器の逸品が出土し、ヒスイやコハクなど他地域から来たものが多い他、黒曜石の出土量も突出している。

　しかし何といってもこの遺跡を有名にしたのは、一つの土偶の存在である。それは調査も半ばを過ぎた9月6日の夕方であった。遺跡のほぼ中央にある土坑（墓）を発掘していた女性は、はじめ土器かと思って、竹ベラで土を取り除いていた。しかし、やがてそれが土偶だと分かった時、そしてそれが見たこともないほど大きくて、しかも完全な形の土偶と分かった時、「経験したことのない感激」を感じたと言う。その時、山の端に沈み行く夕日が、その土偶を照らしていた。発掘現場は発見から一時間の後も、「異様な興奮」に包まれていたという。

縄文世界の中心

089

(写真提供:茅野市尖石縄文考古館)

縄文のビーナスには、特別の存在理由が?

どうもこの見事な土偶は、他で見つかるたくさんの土偶とは違う目的があったのではないだろうか。

ここで思い出してほしいのは、この棚畑遺跡のある霧ヶ峰南麓が、黒曜石供給地にある重要な場所だったということだ。さらに、優れた土器が行き交い、ヒスイやコハクも運ばれてくる場所。つまり、人々の集う特別なムラだったと思われる。だからこそ、この場所に居るべき特別な女神として、このたぐいまれなる土偶が、世代を超えて受け継がれ、人々の前に出現したのではないだろうか。

もしそうだとすると、他の遺跡で目にする、縄文のビーナスによく似てはいるが何かが足りないような土偶は、棚畑のムラでビーナスを見た人々が、それに憧れて、一生懸命に思い出しながら作ったものかもしれない。

実はこのように、オリジナルの優れた土偶と、それを真似て作ったと思われる土偶の関係性は、この後に見る「仮面の女神」も含め、縄文時代でもいくつかの例を挙げることが出来るのだ。

井戸尻文化の圏内では、「縄文のビーナス」を真似て作ったかのような土偶が散見される。ただし、作られた前後関係を見誤ると、間違った判断をしてしまうので要注意だ。

左上：塩尻市 平出遺跡（平出博物館蔵）
右上：山梨県北杜市 寺所第2遺跡
　　　（北杜市教育委員会蔵）
左下：山梨県北杜市 向原遺跡
　　　（北杜市教育委員会蔵）

縄文世界の中心

091

二人の女神が眠っていたことは、
偶然の一致なのだろうか？

仮面の女神は縄文時代後期前半、堀ノ内式土器の時期に生み出されている。

縄文世界の中心

仮面の女神

そして縄文のビーナスが作られてから、およそ1,400年後の縄文世界に、またもや傑出した女神が現れる。今度は同じ茅野市でも4km東に行った中ッ原遺跡に、これまた見事な土偶が眠っていたのだ。これが信州のもう一つの国宝土偶「仮面の女神」である。

横から見ると、なるほど頭部はまるで逆三角形の仮面を被ったようにも見える。鋭い目つきだ。黒く光る不思議な肌には、渦巻模様が描かれている。胴体や異常に太い両足は、中ががらんどう、中空のつくりである。

そして今度も、ムラのほぼ中央のお墓と思われる穴から見つかり、さらにわざわざ後から埋められていた様子もみてとれた。右足は故意に外されていたが、それ以外はほぼ完全な姿での出土。やはり尋常ではない。

またこの土偶が埋められていたお墓の両側には、大きなお皿のような浅鉢土器を、あたかも死者の顔に伏せて埋めたような墓穴が確認されている。

さらに、ほぼ時を前後する土偶が、長野県辰野町新町泉水遺跡や山梨県韮崎市後田遺跡で出土しているが、どちらも高さ約20cmと一回り小さい。また縄文のビーナスと同じように、まるで真似て作ったような物も、別の遺跡から出土している。

国宝「土偶」(仮面の女神)=茅野市 中ツ原遺跡出土
(尖石縄文考古館蔵)

DATA 仮面の女神

発見時、切り離された右足。
その謎は解明されていない。

- 胴体と両足は中空のつくり。
- 右足の一部を欠くものの、ほぼ完形で出土しました。
- 土偶としてはやや珍しく乳房はないが、女性器と思われる表現があります。
- 後頭部にはタスキのような十時の模様。仮面を結んだ紐でしょうか？
- 左肩からは、たすきがけのような模様。
- 板のような両手には渦巻き模様。
- 両足は大胆に太く。
- お尻には、ふたつのふくらみがあります。
- つやつや肌は、黒色研磨という技法。奇麗に磨かれて黒く光っています。
- 2014年8月21日、文化庁により「国宝」に指定されました。

縄文世界の中心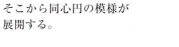

◆
基本情報
2000年8月23日出土
高さ34㎝、幅23㎝、厚さ12㎝、
重さ2.7kg
・茅野市中ッ原遺跡中央部
深さ45㎝以上、長さ201㎝、
幅105㎝の土坑（お墓）から出土。
おおよそ4,000年前に
つくられた

お腹の中央にはおへそ？そこから同心円の模様が展開する。

圧倒的な存在感。カラダ中の文様は秀逸。

まるで三角形の仮面を付けているような造形がその名の由来。

095

096

(写真提供：茅野市尖石縄文考古館)

縄文世界の中心

東西320m、南北100mの大集落から出土。

　「縄文のビーナス」が見つかった棚畑遺跡から東におよそ4km。中ッ原遺跡は古くから土器の出る場所として知られており、1924年の『諏訪史第一巻』で紹介され、1929年には伏見宮殿下による発掘が行われている。東西320m、南北100mの細長い尾根状台地の遺跡で、標高は約950m。

　この遺跡では1992〜2001年にかけて、ほ場整備事業に先立つ発掘調査が行われ、200軒以上の竪穴住居址、3,300に及ぶ柱穴や墓穴、黒曜石の貯蔵跡などが姿を現し、ヒスイやコハクなどの稀少品も出土した。やはり大集落である。

　そしてここでも、ビーナスに勝るとも劣らない土偶が発見されたのだ。その驚きは、相当なものだったに違いない。

　後に「仮面の女神」と呼ばれるこの土偶は、34cmという大きさや美しさばかりでなく、墓穴から出土した副葬品であることから注目され、周辺の墓穴から出土した浅鉢土器とともに、2014年に国宝に指定された。

　なお、この土偶が出土した墓穴を中心に、遺跡の一部は保存され、「中ッ原縄文公園」として土偶の出土状況を今も見ることが出来る。

八ヶ岳は縄文中期以降も、しばらくは特別な場所だった？

　実はこの「仮面の女神」が作られたのは、今からおよそ4,000年前の縄文時代後期前半になる。縄文中期の黄金千年紀期（ミレニアム）の終末、中期の末から後期初めになると、井戸尻文化圏では多くの地域で集落の数が激しく減少し、土偶もほとんど姿を消す。だから、後期の前半期に土偶の優品が見られたことに、研究者は一層の不思議を感じたのだ。

　ただ実際には、仮面の女神が出土したエリア（霧ヶ峰南麓から八ヶ岳西麓北部の北山浦地域）や、山梨県北杜市などでは、後期前半の遺跡も比較的多く存在する。またこの後に見る敷石住居や石組み、また石棒といった摩訶不思議な道具は、中期から後期に引き継がれており（ただし中期と後期の石棒は繋がりが薄いという意見もある）、中期の人々の精神文化の一部は、後期前半までは受け継がれていたと考えたい。これに関連することは第3章で詳しく説明するが、後期以降も信州産黒曜石は使われ（少なくとも後期後半や晩期にも採掘は行われていた）、周辺のムラの数は減っていたものの、やはりここは人々の集う場所であり続けていたのではないだろうか。だとしたら、この女神もまた地域の象徴として、人々の心の拠り所になっていたのかもしれない。

　さらに、想像ではあるが…八ヶ岳山麓でもすでにかつての栄光が過ぎたこのころ、それでもこの地域に留まっていた偉大な指導者、あるいはシャーマンだろうか、その人物が息を引き取った。後に人々は、その墓に大切な女神像を添えた。それはまるで、井戸尻文化千年紀の、最後の輝きを自ら閉じるように…。

第三章

去り行く縄文人

そもそも誰がいたのか？

繰り返す氷期と間氷期──

　確かに縄文時代の中のおよそ1000年間、ここ八ヶ岳を中心として、この本で「井戸尻文化」と呼んだ生活が展開した。ではそもそも、どのくらい昔から、ここに人々が集ったのだろうか？

　この本の「序章」でも説明したように、縄文時代以前の旧石器時代、日本列島に人々が入って来たおよそ38,000年前は、今よりも寒冷な気候で、氷河期のなかでも「最終氷期」と呼ばれている。

　しかし、地球には過去何度も、寒い時期と暖かい時期が交互に訪れている。寒冷な氷期と温暖な間氷期が繰り返しおとずれているのだ。つまり、今現在も、実は間氷期に過ぎないのかもしれない。

　なお、現在私たちが抱えている地球温暖化という問題は、人間が自動車や工場、発電所などで放出する二酸化炭素が地球の気温を上げてしまうもので、自然現象の大きな気候変動とは、同じように扱うことは出来ない。

　それはさておき、では井戸尻文化の頃は、どんな環境だったのだろうか。

縄文海進、
関東平野は海の中。

　縄文時代では、草創期の終わり頃に「新ドリアス」と呼ばれる平均気温が今より7度も低い時期があり、その後早期からは、再び気温が上層し始めている。

　すでに旧石器時代から、黒曜石の産地として人々が往来した信州であるが、この草創期では、小規模な遺跡が残されたに過ぎない。やがて草創期の末から早期になると、栃原岩陰遺跡のような洞窟遺跡の他、竪穴住居址が数件見つかるムラも現れ始める。

　その後、多少の変動をはさみつつも、およそ7,000年前、縄文時代前期のはじめ頃には、今よりも平均気温が2度高い気候が訪れた。気温最適期（クライマチック・オプティマム）ともいう。このことと、これ以前から始まっていた各地の氷床が解け出すことなどが重なり、海岸沿いの平野は海に没した。「縄文海進」とも呼ばれ、今の関東平野などは、どっぷりと海に浸かっていたのだ。

　ちょうどその頃、移動生活を送りながら、

縄文時代前期の関東平野

　東京湾の埋め立ては、実は江戸時代にはじめられ、今も各所で続けられている。

　しかし今からおよそ7千年前には、海面が今より2〜3m高かった。現在の関東平野の低地部（沖積地）は、その多くが海に沈んでいたのだ。おおよそ、今の下町と呼ばれる部分が海に没し、山の手の台地は複雑な海岸線となっていた。霞ヶ浦も内海となり、鬼怒川流域は古鬼怒湾、利根川や渡良瀬川流域は奥東京湾と呼ばれ、奥深くまで海が入り込んでいたのだ。縄文時代の貝塚の分布もそれを裏付けている。つまり関東平野は平野ではなく、海とそれを取り巻く海岸だったのだ。

　しかしそれは、豊かな海の幸を利用できる土台にもなり、貝塚を含む数多くの遺跡を残す結果になったのである。

　なお、この原因は単に気温の上昇により氷床が解けたのではなく、地球規模の様々な要因が重なった結果と言われている。

去り行く縄文人

関東地方の海進図

その頃、内陸部を目指した人々が。

原村阿久遺跡（国史跡）は縄文前期からの遺跡で、住居址の他、大小の石を並べた大規模な配石や列石遺構が並んでいた。
（長野県立歴史館提供）

沿岸部から内陸部を目指した人々がいたようだ。遺跡の立地が、平野部から山間部に移ったともいわれている。

　ある人々は天竜川をさかのぼり、その源である諏訪湖にたどり着いた。あるいは富士山（今とはやや山容が違うが）を仰ぎ見ながら、甲府盆地を越えた人々もいただろう。この地域には東海地方の影響の強い土器が広がり、やがて富士見町や原村、山梨県北杜市など、八ヶ岳西南付近に、時に大規模な配石施設をともなうようなムラを生み出す構成員となるのである。

八ヶ岳の東側、中でも南部の南佐久では中期よりも前期の遺跡が、多いとさえいわれます。

　一方で、当時は海が入り込んでいた利根川や渡良瀬川水系、今の群馬県や埼玉県からも人々はやってきた。これらと繋がりの強い土器が、八ヶ岳東側の佐久地域には色濃い。人々は関東山地の険しい峠を越え、信州の高原とを行き来したのである。

　八ヶ岳を中心とした信州の地は、秋の豊かなクリやドングリをはじめ、実に様々な山の幸を堪能できた。加えて、背後には黒い宝石、黒曜石が入手出来る山がある。茅野市駒形遺跡では、前期の人々が黒曜石を大量に入手していたことがわかる。人々は次第に、これまでよりも定住性の強い生活を行うようになった。定住し周辺の森を管理することで、マメ類の栽培に適した環境が生じる。まさに好循環である。

　ただし「第1章」でみたように、前期から中期まで常に数多くの遺跡が見られるわけではなく、霧ヶ峰南麓から八ヶ岳西麓では、前期の後半諸磯ｂ式土器のころ、一時的にムラがほとんど見当たらなくなる。むしろ南佐久地域や山梨県北杜市など、八ヶ岳の南から東麓で、比較的大きなムラが営まれた時期があったようだ。

　しかしその後、前期の終わり頃からは、諏訪から八ヶ岳南麓といった、後の井戸尻文化の中心地に人々が集う。やがて中期の中頃までには、彼らの使う勝坂・井戸尻系土器が、上伊那や甲府盆地、さらに相模や多摩地方などにも影響を与えていく。

　そう、これが私たちの追っている「井戸尻文化」だ。

南相木村の大師遺跡からは前期後半の見事な諸磯ｂ式土器が出土している。（南相木村教育委員会提供）

去り行く縄文人

井戸尻文化の陰り

105

下がっていく気温…
しかし、縄文人はたくましく。

「第1章」「第2章」で見たように、人々は縄文中期に八ヶ岳山麓で豊かな文物を残した。しかし実際は、彼らの生活は気温の寒冷化とともにあった。すでに説明した前期の気温最適期以降、少しずつ平均気温は下がっていたが、中期の後半は、さらに不安定な気候だったと思われる。

八ヶ岳山麓は、いわゆる高冷地。特に遺跡の多い標高900〜800m付近でも、雪こそそれほど多くはないが、冬には氷点下10度を下回ることもある。それがさらに寒くなれば、人々が生活の場を変えようとしても不思議ではない。

また単に人間にとって寒いということだけではなく、この寒さはこれまで彼らを支えてきたクリやクルミの生育にも悪影響を及ぼした可能性がある。マメやエゴマなど、栽培植物にとってもそうであったかもしれない。

つまり、食べ物が減っていくのだ。これは困る。

しかし、縄文人もたくましい。このような事態にも対抗策を考え出していた。

トチの実

縄文人の寒さ対策

縄文時代には、今よりも寒い時期もあれば暑い時期もあったが、例えば標高800m前後の八ヶ岳山麓での生活は、東京や名古屋、大阪といった標高の低い都市部で暮らす人々からすると、その寒さに驚くはずである。

寒さから逃れる方法、一番簡単なのは、その場所から離れること、つまり標高が低いか、より南の土地に移ればいい。縄文人が、そのことを感覚的に知っていたかどうかは分からないが、そんな移動しながらの生活も想定出来る。しかし定住化に伴い、火の利用頻度が上がったとも考えられる。例えば、早期では竪穴住居の外に設けていた炉が、前期になると、住居の中に設けられるようになる。

あとは、一緒に暮らしていた犬を側にして眠れば、大分暖かい夜を過ごせていたかもしれない。

トチの実利用の生活へシフト。

　実はこのころになると、主に東日本の各地では、これまでのクリやクルミに変わって、トチの利用が多くなる。トチの実は大きくて利用価値は高いが、高度な灰汁抜き技術が必要で、それ以前はあまり積極的に利用されていなかった。しかし気温が低くなるなかで、トチを積極的に利用する生活にシフトしたのではないだろうか。

　見つかったムラの跡をみていくと、中期末から後期には、人々の生活の場は、山を下った川添いに多くなる。そして遅くとも後期になると、各地で「水場遺構」と呼ばれるものがみつかる。これは小さな河川などの側に、四角の木組みをつくるものであるが、これらは河川を利用した水さらしによって、トチの灰汁抜きなどを行っていた施設と言われている。

　つまり、人々は単に寒さから逃れようとするだけではなく、その時その時にあった方法で、ムラを維持しようとしていたということだ。

　ただし、八ヶ岳山麓を中心とした地域では、ここから遺跡の数が減少するのは事実。人々の努力とは裏腹に、やはりこれまでのような大人数を維持出来なくなってしまったのだろうか…。

水場遺構

　湿地等の特殊な場所では、数千年前の木材が見つかることがある。その中で発見例は少ないが、縄文人が小川や湧水などの水辺を利用したり、時にはそこから水を引き込んで、木組みの枠などで水そのものの確保や、作業場として利用していた遺構が発見されている。このような施設を水場遺構と呼んでいる。

　中には、そこからトチの実の皮が多量に発見された例（埼玉県川口市赤山遺跡）もあり、堅果類の灰汁抜きにも利用されたことが分かる。

千曲川の河川敷にある中野市栗林遺跡では、中期末から後期初頭にかけて、木組みの遺構が見つかっている。
（長野県立歴史館提供）

去り行く縄文人

石棒＝茅野市 聖石遺跡出土
（尖石縄文考古館蔵）

石棒の出現。

　この本の「第2章」で見たように、中期の前半では、人々は土器に自分たちの物語を描いた。抽象文やヘビや人面もその現れだろう。

　しかし、遺跡の数がもっとも多いのは中期の後半期、つまり土器が曽利式、唐草文式、加曽利E式などに分裂してからだ。この頃の土器には、ヘビも人面も見られない。

　その一方で、この時期になると、以前にはない不思議な現象が現れる。一言でいうと、家の中に、摩訶不思議なものが築かれるのである。

　八ヶ岳周辺では、石棒（せきぼう）は中期のはじめにも見られる。北杜市桑森遺跡や小海町穴沢遺跡がその例だ。その形から、男性器を現していると言われており、子孫繁栄などを祈ったのだろうか。ほとんどは長さ30〜50cmくらいだが、中には1mを超えるものもあり、八ヶ岳東麓の佐久穂町北沢には、なんと2mを超えるものが発見されている。

岳東麓の佐久穂町北沢の石棒は、
らく日本一の大きさと言われています。
でもその姿を見ることができます。

祭り、儀式で使った？ やがて家の中へ。

　きっとこの様な大きな石棒は、ムラのお祭りや儀式に、ムラ人みんなで使っていたのではないだろうか。

　ところが中期後半になると、石棒が家の中の炉の脇などに立てられたかたちで発見されることが多くなる。つまり、お祭りが家の中に持ち込まれたのだ。

　この他にも、立石（りっせき）などと呼ばれ、石組みの炉の付近に不思議な施設が作られるようになる。中には、まるで「祭壇」のような石組みも見られる。

　また、このころには井戸尻文化圏とその周辺で、「埋甕」（うめがめ）と呼ばれる、家の入口に土器を埋める風習が大流行する。埋めるのはやや大きな深鉢土器で、穴を開けたり、底が抜けていたり、逆さだったりもするが、元々は日常使っていた土器だ。石で蓋をしているものもある。

　中には何があったのか？ 発見される時は土が詰まっていたり、少し空間があったりするものの、当時入っていたものは残っていない。

　食料の貯蔵施設とも考えられるが、死産した子どもや、生まれた赤ちゃんの臍帯（さいたい）、つまりへその緒を埋めたとも言われている。人の誕生にかかわるへその緒を家に埋める行為は世界各地にあり、人が踏む（跨ぐ・またぐ）ことで、生まれた子どもが丈夫に育つと言われている。確かに家の入口にある埋甕に当てはめればピッタリである。このようになにかマジカルな意味合いがあったのだろうか。

炉に立つ石棒＝茅野市 棚畑遺跡
（尖石縄文考古館提供）

立石＝茅野市 棚畑遺跡
（尖石縄文考古館提供）

去り行く縄文人

埋甕

上下とも
茅野市 棚畑遺跡出土
（尖石縄文考古館提供）

家の入口に臍帯（へその緒）を埋めると、子どもが丈夫に育つという風習は世界各地にある。

熊久保遺跡
（朝日村 教育委員会蔵）

上の写真のように埋まっていた土器を
発掘調査により取り上げたところ。

敷石住居。
この石組みの意味するものは？

　さらにその少し後、今度は敷石住居というものが出現する。その名の通り、家の床に平たい石を敷き詰めた住居である。これは中期、つまり井戸尻文化の半ば過ぎから次の後期前半にかけて多く見られる。

　中には、入口と思われる箇所に石組みがあり、その形から柄鏡形住居と呼ばれる家もある。さらに屋外に石を並べた配石遺構が伴うものさえあるのだ。

　ではどうして、わざわざ重たい石を運んでこんな家を作ったのだろう。

　色々な説がある。特別な人物、例えばムラのリーダーやシャーマンのための家、儀式を執り行うための場所、他にはアメリカインディアンの例に習い、サウナだったという説まである（ただし、それも神聖な場所なのだが）。

　だが、一つの遺跡でも敷石住居址の占める割合が多いことや、そこに特殊な遺物が集中するわけではないことなどから、普通の家に過ぎないという意見もある。

浅間山南麓の小諸市岩下遺跡では、敷石住居址を繋ぐようなかたちで、石を積んだ遺構が見つかっている。
（長野県立歴史館提供）

佐久市望月の八丁地川の鉄平石

◆敷石の産地は？
敷石住居に使う石は、基本的には板状に摂理するものが好まれ、その産地はある程度限られてくる。諏訪や佐久はその産地として有名であるが、例えば、佐久市平石遺跡の側では、板状に節理する鉄平石の露頭が、八丁地川沿いに見られる。ただし、どんなに近くで採れたにせよ、その重さの石を運んで敷き詰めるのは重労働のはずだ。合理的な理由のみでは理解出来ない縄文人の生活を想定せざるを得ない。

去り行く縄文人

敷石に使われる鉄平石は、蓼科山北麓の佐久市望月や、諏訪市の角間新田から四賀地区にも産地がある。

113

敷石住居跡
＝佐久市 平石遺跡住居址
（佐久市教育委員会提供）

石剣、耳飾り…
平等社会と言われた縄文時代にも階層化の波が？

　実は縄文時代は、比較的平等な社会だったと言われている。ところが、この中期末から後期以降では、磨いた見事な石棒やそれが変形した石剣と呼ばれる遺物、凝りにこった作りの土製の耳飾りなどといった、奇妙な遺物が多く見られるようになる。

　さらに、今見たような敷石を伴う住居だけでなく、特に後期以降の東日本では、環状列石や環状盛土と呼ばれる、規模も大きく長期的な（もはや土木工事と呼べるような）作業によって造られた施設がたくさん残されている。

　このような現象のなかに、社会の階層化を認める研究者もいる。奇妙なモノをたくさん所有し、特殊な施設のある住居址に住み、さらにムラ中の力を使って大きな施設を造る際の指導者。つまり、集団の中に、特別な力を持った人が現れたというのだ。もしかしたら、仮面の女神とともに葬られた人物は、そのような立場だったのか？

　でも、そうでないという意見ももちろんある。いま紹介したような遺物や遺構も一般的に見られるもので、特定の個人や集団が占有していたような出土は認めにくい。また後期のはじめころには、石を組んだ墓（石棺墓）が現れるが、弥生時代より後に見られるような、特別に副葬品が多いお墓や、墳丘を伴うような大きなお墓は見当たらないのである。

後期の石棒はよく磨かれており、断面のかたちも、円形から扁平になり、やがて剣のような凌（りょう）をもつようになる。しかし中期に見られた大型の石棒とは、系譜が異なるとする意見もある。八ヶ岳を取り巻く地域では、佐久地域に後期の石棒がやや多く見られる。
＝佐久市 月夜平遺跡出土
（佐久市教育委員会蔵）

去り行く縄文人

栃木県の寺野東遺跡では、縄文後期から晩期の環状の盛土遺構が見つかっている。外径が165m、幅が15〜30m、厚さ0.5〜2mにもなる大規模なもので、長い年月をかけてこのような形状になったようだ。
（栃木県教育委員会提供）

小諸市石神遺跡では、石棺状の墓が多く見られ、一部には人骨が伴う。このような遺構は、後期を中心に盛行するようだ。写真の墓には、浅鉢土器が伏せてある。
（小諸市教育委員会提供）

特別に大きな墓が現れるのは弥生時代に入ってから。

消え行く遺跡

中期末から後期へ。
不安の中で人々は…

　未だ謎だらけであるが、井戸尻文化のミレニアム後半には、確かに様々な摩訶不思議なものが作られた。

　でも、どうして？ ここからは想像するしかない。例えばこんな考えはどうだろうか。

　井戸尻文化の半ば過ぎ、ムラは次々と増えていき、人口増はピークを迎える。それは発展ではあったが、同時に人と人との軋轢も生まれやすくなる。今でいう隣人トラブルだ。

　さらに、過度の人口増加は環境への負荷を高め、やがては食料の生産が追いつかなくなる可能性も秘めている。特に中期後半は、次第に寒冷化に向かっていた。環境の変化による食糧調達の困難さが増し、さらに、このころには富士山が噴火していたよ

富士山の噴火の跡

　富士山の東から北麓の遺跡では、中期末の住居址がスコリア（火山灰）に覆われた例が知られている。例えば富士山のお膝元、山梨県富士吉田市の上中丸遺跡（富士山頂から北東におよそ10㎞）では、4,900〜4,500年前に、富士山が噴火した証拠となるスコリア（火山灰）が見つかった。その厚さは60cmに及び、曽利Ⅳ式土器を使っていた時期のある時、人々の家は火山灰に埋もれたようだ。直接的な被害の有無はともかくとして、人々は一旦そこを去るより仕方なかっただろう。

　しかし、それからしばらくあとの曽利Ⅴ式のころには、再び同じ場所での生活が始まっている。噴火の影響がどの程度であったかは、まだまだ分からないが、人々はまた同じ場所に家を建てて暮らしていたのである。

　ただし、直接的な被害以外にも、天候不純や気温の低下など、人々の生活に影響を与える事態が生じていたかもしれない。

うだ。直接的な影響は分からないが、人々の不安を呼び起こすような事態を生んだかもしれない。

そんな状況の中、人々はこれまで以上に、神々や祖先の霊に強い祈りを捧げる必要があった。それらを解消するお祭りや儀式のアイテムが、強く必要とされたのではないだろうか。

減少するムラ、うすれゆく主体性。

しかし、その祈りも虚しく、中期の末から後期のはじめにかけて、これまで井戸尻文化の中心地であったはずの八ヶ岳西麓でも、集落の数は激減してしまう。これはおそらく、人口そのものの減少を示しているのだろう。ただし同じ八ヶ岳でも、山梨県側の南麓では中期の終わりにむしろ遺跡が増えたり、浅間山の麓から千曲川流域の佐久地域などでは、減少の度合いは緩やかではあったようだ。だが全体としてムラの減少、縮小は否めない。

中期の末期には、土器も加曽利E式に飲み込まれていくことは「第2章」で説明したが、さらに後期の始めには、西日本の影響を強く受けた「称名寺式」という土器に変わり、その後も関東地方などと似た経緯をたどる。八ヶ岳山麓でも、勝坂・井戸尻系土器で見られたような主体性は感じられない。

遮光器土偶

小諸市 石神遺跡出土
(小諸市教育委員会蔵)

縄文時代の終わりにあたる晩期には、東北地方を中心に、薄手で精巧な作りの亀ヶ岡(大洞式)土器がたくさん作られた。その繊細なつくりは、もはや芸術品と言ってもよい程だ。そして、有名な「遮光器土偶」も、この時期に属する遺物である。

亀ヶ岡式土器や遮光器土偶は古くからその存在が知られ、江戸時代の文献にも、現在の青森県亀ヶ岡遺跡や著名な三内丸山遺跡での土器や土偶の発見が記されている(そもそも亀ヶ岡の"かめ"は甕(土器)のこと)。

さて遮光器土偶は、その奇妙な目がイヌイット等の使う雪目防止の道具に似ていることからそう呼ばれているが、不思議なスタイルともあいまって「宇宙人」とまで言われることもある。しかし、より古い土偶からの系譜を見ていくと、宇宙人を持ち出さなくても、奇妙な目の説明は付くことが分かる。

そしてこの土偶は、北海道や東日本各地、さらに近畿地方へと広まったが、信州では小諸市石神遺跡で、これらを真似たような土偶が見つかっており、その影響力の高さが伺える。

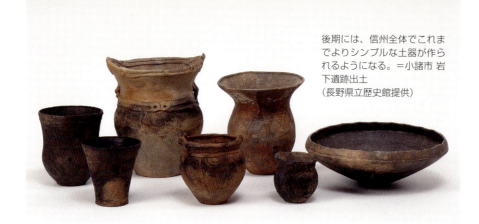

後期には、信州全体でこれまでよりシンプルな土器が作られるようになる。＝小諸市 岩下遺跡出土
（長野県立歴史館提供）

旅の終わり。

　ただし、中期の末をもって、まったく人々が消えてしまったわけではない。中期文化の残照は後期にも続いているのだ。実際に八ヶ岳の西南麓やその周辺では、後期前半までの遺跡は相当数ある。

　そして先に紹介した石棒の一部や敷石住居址などは、中期で途絶えずに後期に続いている。「第2章」で紹介した、国宝「仮面の女神」が作られたのも、この後期前半のことだ。

　おそらくはムラの数を減らしつつも、井戸尻文化の精神世界は、中期から後期につながっていたのだろう。人々は、ムラを川に近い場所に移したり、灰汁抜きの大変なトチも利用するなどの工夫を重ねながら、かつての繁栄を思い返し、神々に祈りを捧げ、日々を生き抜いていた。

　だがいずれにせよ、後期の前半までは続いた遺跡も、その後は無人となる場所が多い。後期後半や晩期の遺跡は、原産地での黒曜石の採掘址や、大規模な配石遺構を伴う北杜市金生遺跡などの特殊な例はあるものの、その数はごくわずかとなっていく。

　そして今度は、「第1章」でも説明したように、関東地方の海岸に後期の「貝塚文化」が、東北地方では晩期の「亀ヶ岡文化」が、異彩を放つこととなる。

　こうして、縄文中期のミレニアムを生きた人々は、数々の傑作と、たくさんの謎を残したまま、5,000年の眠りについた。私たちの旅も、一旦ここで終わりにしよう。

終章

縄文の旅のすすめ

もうひとつの繁栄。信州の縄文世界に魅せられた人々。

　ここ信州は、縄文研究の先進地であった。明治以来、数多くの人々がこの山河の自然や歴史、文化の虜(とりこ)となり、優れた学問的業績を残している。そのことが下地となり、尖石遺跡や平出遺跡（国史跡）などは、既に戦前から全国に名の知れるところとなっていた。

　さらに戦後の大規模開発による発掘調査は、縄文時代の大集落をいくつも掘り上げ、数々の発見をもたらした。

　ここでは数多い研究者のなかから、特に八ヶ岳に近い何人かの足跡を紹介しておこう。

信州の大地の成り立ち

H.E. ナウマン
（1854-1927）

　かつて日本にもいた象の仲間ナウマンゾウは有名である。長野県でも野尻湖をはじめ、各地で化石の出土があり、千曲市の長野県立歴史館では、復元されたその姿が来館者を驚かせている。旧石器時代に既に滅んだこの象の名の由来が、H.E. ナウマンという人物だ。

　ミュンヘン大学卒業後、1875（明治8）年に来日した彼は、日本各地の「地質図」を作る調査の旅に出る。鉄道もまだ少ないころ、彼の歩いたその総距離は 10,000km に及んでいるという。

　来日間もないナウマンは、東京から武蔵野の原野を歩き、群馬県の高崎から碓氷峠を越えた。右手には噴煙を上げる浅間山が見える。そして軽井沢に入り、中山道を進みながら八ヶ岳を見る。そのまま現在の白樺湖、当時の池の平湿原を通り、大門峠から高原の湖、諏訪湖に降りた。さらには塩尻峠を越え、北アルプスを仰ぎ見ながら姫川を伝い、糸魚川まで歩くのである。

　この彼の冒険は、あくまで学問的であった。信濃の山々を歩きながら、彼は気付いた。日本の中央に大きな溝がある！やがて提唱されたのが、日本列島を2つに分断する「フォッサ・マグナ（大地溝帯）」であった。信州の山河に向けられた、学問的な探求のはじめであった。

フォッサ・マグナとはラテン語で「大きな割れ目」という意味で、日本列島を大きく二分する地質学的に重要な地帯である。

平林1988を基に作成

信濃考古学の幕開け

鳥居龍蔵
（1870-1953）

　明治から大正にかけて、長野県は教育に力を入れた。この中で諏訪教育会（当時は信濃教育会諏訪部会）は、人類学者であった東京大学の鳥居龍蔵という人を招いて、諏訪郡の歴史をまとめる計画を立てる。

　招かれた鳥居は諏訪を歩き、考古学的な遺物にも着目しながら、この地域の歴史を描こうとした。こうして出来たのが、1924（大正13）年の『諏訪史第一巻』である。

『諏訪史第一巻』
提供：諏訪教育会

　それは、単に遺跡や遺物を紹介するというものではなく、広く日本全体の歴史の中で地域を描き、また地域の歴史を日本史研究に還元するというものであった。特に黒曜石のことなど、その後の信州の縄文研究の基礎をなす要素も多く含んでいた。鳥居自身はその後、直接信州の歴史に触れることはないが、この書物はやがて、沢山の研究者を育てることとなる。

信濃考古学の指導者

八幡一郎
（1902-1987）

　現在の岡谷市出身で、既に高校生の頃、鳥居龍蔵の『諏訪史第一巻』の調査に従事し、さらに自らもその方法を実践する。そして、『原始・先史時代の上伊那』『南佐久郡の考古学的調査』『北佐久郡の考古学的調査』といった、現在でもその地域の基礎となる研究書を残している。

　戦前、東京大学の人類学教室では、山内清男や甲野勇らと、その後の縄文研究の基礎となる土器編年の研究を押し進めた1人でもある。一方で石器にも深い関心を寄せ、諏訪湖底の曽根遺跡の資料などから、岩宿遺跡の発見以前にも、旧石器時代の存在の可能性を唱えていた。

　また、地域考古学の実践を唱え、尖石遺跡や大深山遺跡の発掘の指導にもあたっている。中央にありながらも、故郷信州を愛した考古学者であった。

尖石の鬼と呼ばれて

宮坂英弌（ふさかず）
（1887-1975）

　俳句好きで、小学校の教員だった宮坂の人生を大きく変えたのは、1929（昭和4）年、考古学に熱心だった伏見宮博英殿下が諏訪を訪れたことだった。博英殿下はただ収蔵品を見て回るだけでなく、実際に発掘を希望された。そこで、既に鳥居龍蔵らによって知られていた尖石なら間違いがないということで、そこを発掘することとなる。

　この時駆り出された1人が、宮坂だったのである。その後殿下は、1942（昭和17）年に中国で戦死されるが、残された宮坂は、句書を売り、黙々と尖石を掘り続けた。

　始めは土器、次に炉を狙ったが、やがてそれは東京大学の八幡一郎の指導もあり、竪穴住居址の完全発掘へと発展した。

　戦後の1952（昭和27）年、尖石遺跡は初の特別史跡に指定される。苦しい戦中戦後を通して、宮坂一家は遺跡を掘り続けたのだ。そして隣接する与助尾根遺跡の調査

縄文の旅のすすめ

縄文農耕論を残した在野の考古学者
藤森栄一
（1911-1973）

日本の考古学と、信濃の考古学
戸沢充則
（1932-2012）

を含め、宮坂の努力は、後に縄文の集落研究の基礎となる。

なお、宮坂が準備した尖石考古館は、現在の尖石縄文考古館に引きつがれ、二つの国宝土偶を有する、縄文のメッカとなっている。

1911（明治44）年、諏訪で本や文房具を扱う商家に生まれた藤森栄一は、中学の頃から考古学のレポートを書いていたが、やがて親の反対を押し切り、学問の世界に身を投じる。八幡一郎らの背中を追い、各地を転々としながらも研究を続け、戦後、諏訪に帰り、自らの店や、自宅兼旅館であった「やまのや」に「諏訪考古学研究所」を開く。

この研究所には、宮坂光昭、戸沢充則、樋口昇一、神村透、桐原健、武藤雄六など、その後の長野県の考古学を支え得る逸材が集っていく。

また、武藤雄六らを指導し、井戸尻遺跡群の発掘調査を押し進めている。

そしてこの遺跡群の調査と前後し、長野県をはじめとした縄文中期の文化は、農耕により支えられていたという「縄文農耕論」を展開する。それは農耕のあったなかったに関わらず、その後の縄文研究に大きな影響を残している。

また、信州の自然を愛し、八島湿原の保護活動などにも尽力した。

現在の岡谷市に生まれた戸沢は、まさに藤森栄一の弟子だった。鳥居の『諏訪史第一巻』が愛読書だったという戸沢は、戦後、中学生のころから藤森栄一の諏訪考古学研究所に出入りし、宮坂の尖石遺跡の発掘にも高校生の中心的人物として参加していた。このころのことを「一番幸せだった」と後に書いている。

やがて進学先を明治大学に決め、藤森の友人であった杉原荘介教授の教えを乞う。

当初諏訪に帰ることを考えていた戸沢だが、明治大学の講師、教授、そして学長となり、日本の考古学を支える存在となっていった。2000（平成12）年に日本の考古学そのものを揺るがした「前・中期旧石器捏造事件」でも、その真相究明や信頼回復に力を尽くした。

同時に、常に故郷信州の考古学をみつめ、指導的立場にあった。現在も数多くの教え子が、長野県の考古学を支えている。

宮坂による尖石遺跡の発掘
（茅野市 尖石縄文考古館提供）

諏訪考古学研究所
奥に見えるのが藤森栄一
（諏訪市博物館提供）

そして今も、信州の宝である「考古学」を探求するひとびとの旅は続きます。

頭面把手付深鉢形土器＝岡谷市 海戸遺跡出土（市立岡谷美術考古館蔵／重要文化財）

縄文の旅のすすめ

あなたと縄文遺跡

八ヶ岳周辺は縄文文化の宝庫。

　考古学は専門の研究者だけのものではない。この本を読んでいるあなたも、縄文人の息吹を直接感じることが出来る場所がある。それが遺跡だ。はるか昔の縄文人と、現代の私たちが出会う場所である。

　特にここ信州の遺跡では、今でも土器がザクザクと出る場所もある。その土器が、特に分厚くて目立つ模様の多い縄文中期の土器ならば、きっとその不思議に夢中になるだろう。

　しかし、誰もが遺跡で発掘調査を出来るわけではない。そこで、まずは整備された遺跡や博物館を訪ねる旅に出てみよう。

八ヶ岳周辺の縄文関連マップ

縄文の旅のすすめ

八ヶ岳を一周、考古学の旅へ。

　信州は広い。とにかく信州中の縄文遺跡や博物館を見て歩くには、相当な時間が必要だ。そこでここでは、この本の中心でもあり、縄文人の息吹が色濃く残る、八ヶ岳を一周する旅を紹介しておこう。

井戸尻史跡公園／国史跡

八ヶ岳山麓

唐松林

井戸尻考古館 展示

尖石縄文考古館 展示

尖石様

　まずは、JR中央線の山梨県小淵沢駅のあたりで、八ヶ岳の山容をご覧頂きたい。春ならば鮮やかな新緑に、夏ならば深い緑と大きな入道雲に、秋には色づいた赤や黄色の紅葉に、冬であれば白く輝く雪に包まれた、その雄大な姿を見ることが出来るだろう。

　私は11月頃、広葉樹が葉を落とし始め、カラマツが黄金色に輝く頃が好きだ。乾いた冷たい空気が肌を包み、もしかしたら山頂には雪が輝いているかもしれない。足下に落ちているドングリは、縄文人が食べていた木の子孫だろうか。

与助尾根遺跡／国特別史跡

栃原岩陰遺跡／国史跡

野辺山高原

大深山遺跡／国史跡

井戸尻遺跡群

　小淵沢を過ぎ、信濃の入口となる富士見町では、まず**井戸尻考古館**を訪ねてほしい。考古館は**井戸尻遺跡**（国史跡）の脇に建ち、西には南アルプスが、南には富士山が望める。復元された竪穴住居や、今もこんこんと水の湧き出る泉を含め、井戸尻文化の中心地を感じてもらいたい。見所は、何と言っても土器である。ここの土器はまさに格別の出来。特に国の重要文化財に指定された**藤内遺跡**の土器や、**坂上遺跡**の土偶も堪能したい。

尖石縄文考古館

　そのまま等高線にそって八ヶ岳を回れば、そこは縄文中期遺跡の密集地帯と言えるが、原村の**八ヶ岳美術館**でも、その土器文化に触れることが出来る。

　そしてさらに北上すると、茅野市**尖石縄文考古館**にたどり着く。ここではまず、二つの国宝土偶「縄文のビーナス」と「仮面の女神」をおさえておこう。もちろん数々の土器の優品もある。**尖石遺跡**（国特別史跡）の北側は、今でも水の流れる浅い谷をはさみ、復元住居が並ぶ**与助尾根遺跡**（国特別史跡）である。あたりを歩いて、尖石の発掘に情熱を注いだ宮坂英弌の気分を味わうのもいいだろう。

野辺山高原と千曲川上流域

　さて、少し足を戻して、再び小淵沢駅から高原列車の小海線に乗ってみよう。

　そびえ立つ南アルプスの山々を左手に見て、列車は直ぐに向きを東に変える。JRの最高地点を通る標高1,300mの野辺山高原は、**矢出川遺跡**（国史跡）など旧石器時代の遺跡でも知られる。野辺山駅で途中下車し、**南牧村美術民俗資料館**でそれに触れるのもお勧めである。

　小海線信濃川上駅から川上村**大深山遺跡**（国史跡）に足を伸ばせば、標高1,300mという日本でも有数の高地の縄文遺跡を体感出来る。出土遺物は川上村文化センターに展示されている。

　小海線を再び北上すると、列車は千曲川の渓谷を沿うように下っていく。小海駅からは、北相木村**栃原岩陰遺跡**を訪ねたい。縄文早期、小さな岩陰に残された人骨や骨角器は、他の追随を許さない。遺物は村役場わきの**北相木村考古博物館**で見ることが出来る。

　また小海駅に近い小海町**北牧楽集館**では、**中原遺跡**出土の縄文前期諸磯土器の優品に会える。少し北に向かえば、佐久穂町北沢の大石棒を、八ヶ岳裾野の水田で目にすることができる。

栃原岩陰遺跡出土の骨角器
（北相木村考古博物館蔵）

縄文の旅のすすめ

佐久平と浅間山

浅間縄文ミュージアム 展示

黒耀石体験ミュージアム 展示

望月歴史民俗資料館 展示

浅間山の縄文

さらに北上し、煙たなびく浅間山が見えると、土地は開けた沖積地の広がりとなり、弥生時代中期以降の遺跡密集地を通る。現在でも都市化の進む佐久平である。

小海駅の終点小諸駅。島崎藤村の詩でも名高い小諸城を見学するのもいいだろう。

さぁ、ここから少し足を東に伸ばしておこう。浅間山の南麓に位置する、御代田町の**浅間縄文ミュージアム**は必見である。特に重要文化財にも指定された、**川原田遺跡**の焼町式土器は、井戸尻や尖石とはひと味違う世界を見せてくれる。

中山道に沿って

この先しばらくは列車では難しいが、江戸時代の中山道、あるいは古代の東山道を行くつもりで、西へ西へ足を運ぼう。現在の国道142号線である。かつての宿場町であり、古代では官営の牧もあった佐久市望月の**望月歴史民俗資料館**では、この地域特有の郷土式土器を目にすることが出来る。

余裕があれば、復元住居のある**下吹上遺跡**や**平石遺跡**そばの八丁地川沿いで、敷石住居に使われた鉄平石を探してみよう。

黒曜石の里

道を再び古街道にとり、笠取峠を越えると長和町に入る。ここからは黒曜石の産地が目白押しだ。

中山道をそれ大門峠を目指す。長和町の**原始古代ロマン体験館**で、まずはこの地域の土器を見ておこう。そこからさらに登り西に折れると、鷹山地区の**黒耀石体験ミュージアム**に出る。黒曜石の産地である**星糞峠黒曜石原産地遺跡**（国史跡）直下のミュージアムで、旧石器から縄文までの、人と黒曜石の関係を学べるはずだ。実際に縄文人が採掘を行った星糞峠に登れば、**星くそ館**で黒曜石鉱山の地下の様子を目にすることが出来る。

そのまま国道142号線に戻り、和田峠を下って、諏訪に降りてもよいが、ぜひ寄り道して、霧ヶ峰や八島湿原の自然にも触れてほしい。季節には美しい蝶が飛び交い、ニッコウキスゲなどの高原植物が咲き乱れる。そして、実はここにも、黒曜石を携えた旧石器や縄文の狩人の足跡が、そこかしこにあることを覚えておきたい。

さて今一度道を戻って中山道を行けば、和田峠を越え下諏訪町にいたる。この付近にも縄文時代の黒曜石採掘址のある**星ヶ塔黒曜石原産地遺跡**（国史跡）や**星ヶ台**、**東俣**など、良質な黒曜石の産地があり、おそらく縄文の黒曜石が最も利用されたエリアではないだろうか。ただし多くは国有林の中にあるため、遺跡の見学は下諏訪町教育委員会に問い合わせが必要だ。また**星ヶ塔ミュージアム矢の根や**で、星ヶ塔遺跡の黒曜石採掘坑のジオラマを見ることが出来る。

諏訪市博物館 展示

市立岡谷美術考古館 展示

諏訪市博物館

市立岡谷美術考古館

諏訪湖畔から再び八ヶ岳へ

　街道はやがて、高原の湖である諏訪湖を臨みつつ、諏訪大社下社に出る。そこから諏訪湖を左右に見ながら歩けば、下諏訪町**諏訪湖博物館**、**市立岡谷美術考古館**に行ける。黒曜石産地直下の遺跡を味わってほしい。

　ここからは再び列車も使えるが、諏訪湖底には、おびただしい数の矢尻が発見された縄文時代草創期の**曽根遺跡**も眠っている。

　南下し、茅野駅から諏訪市の**諏訪市博物館**を訪ねてみよう。ここには土器の優品もあるが、館内のすわ大昔情報センターでは、信州の縄文研究に大きな足跡を残した、藤森栄一や戸沢充則らの蔵書を閲覧することも出来る。

　また八ヶ岳縄文文化の一体性を考えれば、山梨県でも北杜市は視野に入れたい。**北杜市考古資料館**や史跡、**梅之木遺跡公園**などが、その候補となるだろう。また後晩期の遺跡である金生遺跡も訪ねておきたい。

縄文発見の旅は終わらない。

　さぁ、これだけでもきっと2泊か3泊は欲しいところだが、まだまだ見たいところは多い。岡谷から塩尻峠を越えれば塩尻、松本方面に出る。**平出博物館**や、**朝日村歴史民俗資料館**などが見所だ。また小諸付近から千曲川に沿って行けば、上田、善光寺平へ続く。この方面にも、**長野県立歴史館やさらしなの里歴史資料館**など、素晴らしい博物館が目白押しだ。

　諏訪湖から天竜川を下って伊那谷を行けば、**辰野美術館**や**箕輪町郷土博物館**、**伊那市創造館**、**飯田市上郷考古博物館**が、もちろん木曽に向かっても、独自の文化を目にすることが出来る。

　こうなれば、一度の旅ではなく、狙いを定めて訪れたい。それはまた、別の機会になるだろう。私たちの旅は、まだ終わらないのである。

八ヶ岳周辺や長野県内の主な縄文関連施設一覧 〈順不同〉

◆野尻湖ナウマンゾウ博物館
〒389-1303　長野県上水内郡信濃町野尻287-5　☎026-258-2090

◆長野市立博物館
〒381-2212　長野市小島田町八幡原史跡公園内　☎026-284-9011

◆千曲市　さらしなの里歴史資料館
〒389-0812　長野県千曲市大字羽尾247-1　☎026-276-7511

◆長野県立歴史館
〒387-0007　長野県千曲市大字屋代260-6　☎026-274-2000

◆上田市立信濃国分寺資料館
〒386-0016　長野県上田市大字国分 1125番地　☎0268-27-8706

◆浅間縄文ミュージアム
〒389-0207　長野県北佐久郡御代田町大字馬瀬口1901-1　☎0267-32-8922

◆佐久市考古遺物展示室
〒385-0051　長野県佐久市中込2913　☎0267-63-5321

◆佐久市立望月歴史民俗資料館
〒384-2202　長野県佐久市望月247番地　☎0267-54-2112

◆松本市立博物館
〒390-0873　長野県松本市丸の内4番1号　☎0263-32-0133

◆松本市立考古博物館
〒390-0823　長野県松本市中山3738-1　☎0263-86-4710

◆星くずの里たかやま　黒耀石体験ミュージアム
〒386-0601　長野県小県郡長和町大門3670-3　☎0268-41-8050

◆朝日村歴史民俗資料館
〒390-1104　長野県東筑摩郡朝日村古見1308　☎0263-99-2359

◆長和町原始・古代ロマン体験館
〒386-0601　長野県小県郡長和町大門1581　☎0268-68-4339

◆塩尻市立　平出博物館
〒399-6461　長野県塩尻市大字宗賀1011−3　☎0263-52-1022

◆市立岡谷美術考古館
〒394-0027　長野県岡谷市中央町1-9-8　☎0266-22-5854

◆星ヶ塔ミュージアム矢の根や
〒393-0015　長野県諏訪郡下諏訪町立町3290-2　☎0266-27-0001

◆下諏訪町立諏訪湖博物館・赤彦記念館
〒393-0033　長野県諏訪郡下諏訪町西高木10616番地111　☎0266-27-1627

◆諏訪市博物館
〒392-0015　長野県諏訪市中洲171-2　☎0266-52-7080

◆辰野美術館
〒399-0425　長野県上伊那郡辰野町樋口2407-1　☎0266-43-0753

◆箕輪町郷土博物館
〒399-4601　長野県上伊那郡箕輪町大字中箕輪10286-3　☎0265-79-4860

◆伊那市創造館
〒396-0025　長野県伊那市荒井3520番地　☎0265-72-6220

◆小海町北牧楽集館
〒384-1103　長野県南佐久郡小海町大字豊里285番地　☎0267-92-239

◆北相木村考古博物館
〒384-1201　長野県南佐久郡北相木村2744　☎0267-77-2111

◆川上村文化センター
〒384-1405　長野県南佐久郡川上村大字大深山348-9　☎0267-97-2000

◆南牧村美術民俗資料館
〒384-1305　長野県南佐久郡南牧村野辺山79-3　☎0267-98-3288

◆茅野市尖石縄文考古館
〒391-0213　長野県茅野市豊平4734-132　☎0266-76-2270

◆原村　八ヶ岳美術館
〒391-0115　長野県諏訪郡原村17217-1611　☎ 0266-74-2701

◆富士見町　井戸尻考古館
〒399-0101　長野県諏訪郡富士見町境7053　☎0266-64-2044

◆飯田市上郷考古博物館
〒395-0003　長野県飯田市上郷別府2428-1　☎0265-53-3755

◆飯田市美術博物館
〒395-0034　長野県飯田市追手町2-655-7　☎0265-22-8118

◆北杜市考古資料館
〒409-1502　山梨県北杜市大泉町谷戸2414　☎0551-20-5505

◆長野県内の縄文関連の資料がある主な施設

縄文の旅のすすめ

あとがき

　この本にある一枚の土器の写真。その写真一枚をとってみても、そこに至るまでに沢山の人の汗や涙や笑顔が重なっています。遺跡を見つけた人、道路を作ろうとする人、発掘調査の書類を作る人、移植ゴテで土を掘る人、出土した土器を洗う人、復元する人、保存する人、調査報告書を書いた人。そこには、とてもここには書ききれない膨大なドラマがあります。私はそんな人たちの努力の上に、この本を書かせてもらいました。全ての皆さんに、感謝致します。

　そしてもちろん、この土器を作り、使い、捨て去ったのは、我々の遠いご先祖である縄文時代の人々です。きっと、小さな土器の欠片一つにも、色々なドラマが隠されているのでしょうね。

　また再び、そんな人々の足跡を探す旅を、ここ八ヶ岳の麓から、続けたいと思います。

　この本は、本当に多くの方の協力を頂きながら作りました。特に、本のきっかけを作って下さったデザイナーの石川孝さん、素敵な写真をたくさん撮って下さった山浦剛典さん、美しいイラストを描いて下さった小林野々子さん、最後まで本を見守ってくれた信濃毎日新聞社出版部の菊池正則さんに、深くお礼を申し上げます。

　それから、いつも支えてくれる、妻の絵美子に。

藤森英二

◆第7刷刊行によせて

　この本が生まれてから8年が経ち、内容的に見直す必要のある箇所も出てきていますが、それは切りがない話になります。研究は常に進み、縄文時代に関する見方も日々改められているからです。

　ただし今回は、各所にあった「縄文時代は13,000年間続いた」という意味の部分を、「土器の使用から水田稲作開始までの13,000年間を、現代の私たちが縄文時代と呼んでいる」という意味に改めました。

　ことさらに縄文時代を美化することなく、しかし日本列島独自のユニークな文化として、皆さんが楽しめますように。

（2025年3月 筆者）

◆ Special thanks （順不同・敬称略）

井戸尻考古館	山梨県立考古博物館	鮎澤諭志	佐々木潤	綿田弘実
富士見町教育委員会	山梨県埋蔵文化財センター	会田　進	佐々木由香	パリノ・サーヴェイ株式会社
尖石縄文考古館	釈迦堂遺跡博物館	井沢はづき	佐野　隆	しもじ（きのこ写真他）
茅野市教育委員会	北杜市埋蔵文化財センター	一瀬一浩	芹沢一路	
市立岡谷美術考古館	北杜市教育委員会	井出浩正	大工原豊	
岡谷市教育委員会	栃木県教育委員会	今福利恵	高橋陽一	
北相木村考古博物館	國學院大學博物館	鵜飼幸雄	田中　基	
北相木村教育委員会	國學院大学研究開発推進機構	大竹幸恵	塚原秀之	
南相木村教育委員会	一般財団法人片倉館	大竹憲昭	堤　隆	
小海町教育委員会	諏訪教育会	大網信良	鶴田典昭	
黒耀石体験ミュージアム		小口英一郎	勅使河原彰	
長和町教育委員会		小野正文	寺内隆夫	
諏訪市博物館		上條恵子	中沢道彦	
諏訪市教育委員会		上條信彦	中島　透	
諏訪湖博物館		川崎　保	中村耕作	
下諏訪町教育委員会		川端典子	中山誠二	
浅間縄文ミュージアム		櫛原功一	藤森栄太	
御代田町教育委員会		功刀　司	布施光敏	
小諸市教育委員会		久保田正寿	保坂康夫	
佐久市教育委員会		熊谷博志	町田勝則	
平出博物館		小昏信行	三上徹也	
塩尻市教育委員会		小林公明	宮坂　清	
朝日村歴史民俗資料館		小林深志	水沢教子	
朝日村教育委員会		小松　学	守矢昌文	
長野県立歴史館		小松隆史	山科　哲	
長野県埋蔵文化財センター		坂井勇雄	山田武文	
長野県教育委員会		桜井秀雄	利渉幾多郎	

◆主な参考文献

井戸尻考古館　2009　『井戸尻発掘五十周年記念講演録集』　富士見町教育委員会
井戸尻考古館・田枝幹宏　1988　『八ヶ岳縄文世界再現』　新潮社
鵜飼幸雄　2010　『国宝土偶「縄文ビーナス」の誕生　棚畑遺跡』シリーズ「遺跡を学ぶ」071　新泉社
海部陽介　2016　『日本人はどこから来たのか？』　文藝春秋
桐原健・樋口昇一　1996　『日本の古代遺跡 50　長野』　保育社
工藤雄一郎・国立歴史民俗博物館編　2014　『ここまでわかった！縄文人の植物利用』新泉社
国立歴史民俗博物館　2009　『縄文はいつからか!?　－１万５千年前になにがおこったのか－』
黒耀石体験ミュージアム・大竹幸恵　2004　『黒耀石の原産地を探る　鷹山遺跡群』シリーズ「遺跡を学ぶ」別冊 01　新泉社
小林謙一　2004　『縄紋社会研究の新視点－炭素 14 年代測定の利用－』　六一書房
小林康男　2004　『五千年におよぶムラ　平出遺跡』シリーズ「遺跡を学ぶ」006　新泉社
佐野　隆　2014　「縄文時代中期における内陸中部地方の生業と野生マメ類利用」『日韓における穀物農耕の起源』　中山誠二編　山梨県立博物館
篠原　武　2016『平成 28 年度ふじさんミュージアム企画展　縄文人が目撃した富士山噴火　約五千～四千五百年前の火山災害と復興への歩み』ふじさんミュージアム
勅使河原彰　2004　『原始集落を掘る　尖石遺跡』シリーズ「遺跡を学ぶ」004　新泉社
勅使河原彰　2013　『縄文時代ガイドブック』シリーズ「遺跡を学ぶ」別冊 03　新泉社
塚本浩司　2012　『平成 24 年度秋季特別展　縄文の世界像－八ヶ岳山麓の恵み－』　大阪府立弥生文化博物館
寺内隆夫他　2014　『平成 26 年度冬季展　縄文土器展　デコボコかざりのはじまり』　長野県立歴史館
戸沢充則　2005　『歴史遺産を未来へ残す　信州・考古学の旅』　新泉社
戸沢充則　2003　『考古学のこころ』　新泉社
長野県教育委員会　2015　『まるごと信州　黒曜石ガイドブック』　長野県文化財活用活性化実行委員会
長野県立歴史館　1996　『1996 年夏季企画展図録　縄文人の一生－北村遺跡に生きた人びと－』
中村耕作　2013　『縄文土器の儀礼利用と象徴操作』　未完成考古学叢書 10　㈱アム・プロモーション
平林照雄　1988　『フォッサ・マグナ－信州の地下を探る－』　信濃毎日新聞社
藤森英二　2011　『信州の縄文早期の世界　栃原岩陰遺跡』シリーズ「遺跡を学ぶ」078　新泉社
藤森英二　2012　『縄文中期文化の繁栄を探る』長野県考古学会誌 143・144 合併号　長野県考古学会
三上徹也　2014　『縄文土偶ガイドブック』　新泉社
水沢教子　2013　「縄文土器の爛熟と展開」『長野県立歴史館研究紀要』　第 19 号
水沢教子　2014　『縄文社会における土器の移動と交流』　雄山閣
宮坂　清他　2015　『星ヶ塔黒曜石原産地遺跡国史跡指定記念シンポジウム』　下諏訪町教育委員会
八ヶ岳団体研究グループ　2000　『八ヶ岳火山－その生いたちを探る－』　ほおずき書籍

著者プロフィール

藤森英二

1972年埼玉県生まれ
1996年明治大学二部文学部考古学専攻卒
同年から2025年3月まで長野県南佐久郡の北相木村考古博物館学芸員を務める。
栃原岩陰遺跡を中心とした洞窟遺跡の研究や、縄文中期文化をテーマとした研究会を企画運営している。

◆主な著作等
『考古学が語る　佐久の古代史』（共著、2008年、ほおずき書籍）
『信州の縄文早期の世界　栃原岩陰遺跡』遺跡を学ぶ079（2011年、新泉社）
「鉱物分析を利用した縄文時代中期中葉における同一系統土器の伝播経路」『長野県考古学会誌』140号（2012年）
「土器研究は文化の繁栄に迫れるか」『長野県考古学会誌』143・144合併号（2012年）
「東信地域における縄文中期土器の動態」『文化の十字路　信州』日本考古学協会2013年長野大会研究発表資料（2013年）
その他、佐久地域の村誌、町誌などを執筆。

縄文フィギュア

縄文時代のフィギュアに限らず、多くの作品を著者藤森は制作しています。もともと恐竜も大好物の著者が、そのフィギュアを作って展示しているサイトがこちらです。
A.E.G 自然史博物館
ぜひご覧ください。

小林野々子

2,000年ごろから本格的な創作活動に入る。主として人間の精神世界と自然をテーマに掲げることが多い。近年は障害者のアートサポーターも兼務。
長野市在住。（イラスト78-79P）

山浦剛典

フリーフォトグラファー。『作って楽しむ信州の漬物』『高橋まゆみ　人形出会い旅』『塩の道　歩けば旅人』（以上、信濃毎日新聞社刊）など、幅広い分野で撮影。長野市在住。

◆写真
　藤森英二
　山浦剛典

◆イラストレーション
　小林野々子

◆デザイン・イラスト
　石川孝

◆編集
　ノエル：企画
　菊池正則（信濃毎日新聞社）：進行

こんなことも知らなかった
信州の縄文時代が実はすごかったという本

2017年　3月　1日　初版発行
2025年　4月　1日　第 7 刷

|著　者　藤森英二

|発　行　信濃毎日新聞社
　　　　〒380-8546　長野市南県町657
　　　　電話　026-236-3377
　　　　ホームページ　https://shop.shinmai.co.jp/books/

|印刷所　信毎書籍印刷株式会社
|製本所　株式会社渋谷文泉閣

ⓒEiji Fujimori 2017 Printed in Japan
ISBN 978-4-7840-7299-6　C0021
落丁・乱丁本はお取替えします。
定価はカバーに表示してあります。

本書のコピー、スキャン、デジタル化等の無断複製は著作権法上での例外を除き禁じられています。本書を代行業者等の第三者に依頼してスキャンやデジタル化することはたとえ個人や家庭内の利用でも著作権法違反です。